Delicii Fără Sodiu

Descoperă Gustul Sănătos al Bucătăriei Reduse în Sodiu

Valentin Dumitrescu

Cuprins

Amestecul de pui și linte 12

pui si conopida 13

Ciorba de busuioc, rosii si morcovi 14

carne de porc cu cartofi dulci 15

Supă de păstrăv și morcovi 16

Tocană de curcan și fenicul 17

supa de vinete 18

crema de cartofi dulci 19

Supă de pui și ciuperci 20

Tigaie cu somon lime 22

Salată de cartofi 23

Tigaie cu carne tocata de vita si rosii 25

Salată de creveți și avocado 26

crema de broccoli 27

Supă de varză 28

Supă de țelină și conopidă 29

Supă de porc și praz 30

Broccoli, creveți și salată de mentă 31

Supă de creveți și cod 33

Mix de creveți și ceapă verde 34

tocană de spanac 35

amestec de conopidă curry 36

Tocană de morcovi și dovlecei 37

Tocană de varză și fasole verde 38

Supă de ciuperci și chili 39

carne de porc chili 40

Salata de ciuperci cu ardei si somon 41

Un amestec de năut și cartofi. 43

Mix de pui cu cardamom 44

chili de linte 45

andive cu rozmarin 46

andive de lamaie 47

sparanghel cu pesto 48

morcovi cu ardei 49

Caserolă cremoasă de cartofi 50

varză de susan 51

broccoli cu coriandru 52

varza de Bruxelles cu chili 53

Un amestec de varză de Bruxelles și ceapă verde 54

Piure de conopida 55

Salata de avocado 56

salata de ridichi 57

Salata de escarola cu lamaie 58

Un amestec de măsline și porumb 59

Salata de rucola si nuci de pin 60

migdale si spanac 61

Salată de fasole verde și porumb 62

Salată de andive și varză 63

salata edamame 64

Salată de struguri și avocado 65

Amestecul de vinete cu oregano 66

Mix de roșii prăjite	67
ciuperci de cimbru	68
Spanac si porumb sotate	69
Porumb și ceapă înăbușite	70
salata de spanac si mango	71
cartofi prajiti cu mustar	72
Varza de Bruxelles de cocos	73
morcovi cu salvie	74
Ciuperci cu usturoi si porumb	75
fasole verde cu pesto	76
rosii tarhon	77
migdale de sfeclă	78
Roșii de mentă și porumb	79
Dovlecel și sos de avocado	80
Un amestec de mere și varză	81
sfeclă prăjită	82
varză cu mărar	83
Salata de varza si morcovi	84
Sos de rosii si masline	85
Salata de dovlecel	86
Salata de morcovi cu curry	87
salata verde si sfecla rosie	88
ridichi cu legume	89
Amestec de fenicul prăjit	90
ardei copt	91
Curmale înăbușite și varză	92
Un amestec de măsline și andive	94

Salată de roșii și castraveți 95

Salata de morcovi si ardei 96

Un amestec de fasole neagră și orez. 97

Mix de orez cu conopida 98

Mix de fasole balsamic 99

sfeclă roșie cremoasă 100

Amestecul de avocado și boia 101

Cartofi dulci și sfeclă copți 102

varză fiertă 103

morcovi condimentati 104

anghinare cu lamaie 105

broccoli, fasole și orez 106

Amestec de dovlecei prăjiți 107

sparanghel cremat 108

Amestecul de napi și busuioc 109

Un amestec de orez și capere. 110

Un amestec de spanac și varză. 111

Broccoli de curcan și chimen 112

cuișoare de pui 113

Pui cu anghinare ghimbir 114

amestec de ardei de curcan 115

Pulpe de pui si legume rozmarin 116

Pui cu morcovi și varză 118

Sandwich cu vinete și curcan 119

Omlete simple de curcan și dovlecei 121

Caserolă de pui cu ardei și vinete 122

curcan fript balsamic 123

Blend de brânză Cheddar de curcan 124

parmezan de curcan 125

Mix cremos de pui și creveți 126

Curcan amestecat cu busuioc și sparanghel picant 127

Mix de caju de curcan 128

curcan și fructe de pădure 129

Piept de pui cu cinci condimente 130

curcan condimentat 131

Ciuperci cu pui și chili 132

Chili Pui Roșii Anghinare 133

Amestecul de pui și sfeclă roșie 134

curcan cu salata de telina 135

Pulpe de pui și amestec de struguri 136

Curcan Lămâie Orz 137

Curcan cu amestec de sfeclă roșie și ridichi 138

Amestec de carne de porc cu usturoi 139

Boia de porc cu morcovi 140

Carne de porc cu ghimbir si ceapa 141

carne de porc cu chimen 143

Un amestec de carne de porc și legume. 144

Tigaie De Porc Cu Cimbru 145

Carne de porc cu nucă de cocos și țelină 148

amestec de carne de porc si rosii 149

cotlete de porc cu salvie 150

Carne de porc thailandeză și vinete 151

Porc Lime Ceapa 152

carne de porc balsamică 153

carne de porc pesto 154

ardei de porc si patrunjel 155

amestec de chimen și miel 156

Carne de porc cu ridichi si fasole verde 157

Miel cu fenicul și ciuperci 158

Caserolă de porc și spanac 159

porc cu avocado 160

amestec de mere și carne de porc 161

Cotlete de porc cu scorțișoară 162

Cotlete de porc de cocos 163

Carne de porc cu amestec de piersici 164

Miel cu cacao si ridichi 165

Carne de porc cu lamaie si anghinare 166

Carne de porc cu sos de coriandru 168

Carne de porc cu amestec de mango 169

Cartofi dulci de porc cu rozmarin si lamaie 170

carne de porc cu năut 171

cotlete de miel cu varză 172

miel cu chili 173

Carne de porc cu praz și boia 174

cotlete de porc și mazăre 175

Porumb de porc și mentă 176

miel cu mărar 177

Cotlete de porc cu piper aromat și măsline 178

Cotlete italiene de miel 179

Orez cu carne de porc si oregano 180

găluște de porc 181

Carne de porc și andive 182

Ridichi de porc și arpagic 183

Chifteluțe sotate cu spanac și mentă 184

chiftele și sos de cocos 186

Linte și carne de porc cu turmeric 187

miel la fiert 188

carne de porc cu sfecla 189

miel și varză 190

Miel cu porumb și bame 191

Carne de porc cu muștar și tarhon 192

Carne de porc cu varza si capere 193

Carne de porc cu varza de Bruxelles 194

Amestec fierbinte de porc și fasole verde 195

miel cu quinoa 196

Chiflă de miel și bok choy 197

Carne de porc cu bame și măsline 198

Carne de porc și capere Orz 199

Mix de porc și ceapă verde 200

Nucșoară de porc și fasole neagră 201

Capere de somon și mărar 203

salata de somon si castraveti 204

ton și eșalotă 205

Codul este amestecat cu menta 206

cod și roșii 207

Ton cu boia 208

cod portocaliu 209

busuioc somon 210

Cod și sos alb	211
Mix de halibut și ridichi	212
Amestecul de somon și migdale	213
cod și broccoli	214
Un amestec de ghimbir și biban de mare	215
somon și fasole verde	216

Amestecul de pui și linte

Timp de preparare: 10 minute.
Timp de gătire: 25 minute.
Porții: 4

Ingrediente:
- 1 cana rosii conservate, fara sare adaugata, tocate
- piper negru după gust
- 1 lingura pasta de chipotle
- 1 kilogram de piept de pui dezosat, tăiat cubulețe, fără piele
- Scurgeți și clătiți 2 căni de linte conservată fără a adăuga sare
- ½ lingură ulei de măsline
- 1 ceapa galbena tocata
- 2 linguri coriandru tocat

Adrese:
1. Se incinge o tigaie cu ulei la foc mediu, se adauga ceapa si pasta de chipotle, se amesteca si se calesc 5 minute.
2. Adăugați puiul, amestecați și prăjiți timp de 5 minute.
3. Adăugați restul ingredientelor, amestecați, fierbeți totul timp de 15 minute, împărțiți în boluri și serviți.

Nutriție: Calorii 369, grăsimi 17,6, fibre 9, carbohidrați 44,8, proteine 23,5

pui si conopida

Timp de preparare: 5 minute.
Timp de gătire: 25 minute.
Porții: 4

Ingrediente:
- 1 kilogram de piept de pui dezosat, tăiat cubulețe, fără piele
- 2 cesti buchetele de conopida
- 1 lingura ulei de masline
- 1 ceapa rosie feliata
- 1 lingura otet balsamic
- ½ cană ardei gras roșu tocat
- Un praf de piper negru
- 2 catei de usturoi, tocati
- ½ cană supă de pui cu conținut scăzut de sodiu
- 1 cana rosii conservate, fara sare adaugata, tocate

Adrese:
1. Se incinge o tigaie cu ulei la foc mediu mare, se adauga ceapa, usturoiul si carnea si se calesc 5 minute.
2. Adăugați restul ingredientelor, amestecați și gătiți la foc mediu timp de 20 de minute.
3. Împărțiți totul în boluri și serviți la prânz.

Nutriție: Calorii 366, grăsimi 12, fibre 5,6, carbohidrați 44,3, proteine 23,7

Ciorba de busuioc, rosii si morcovi

Timp de preparare: 10 minute.
Timp de preparare: 20 de minute.
Porții: 4

Ingrediente:
- 3 catei de usturoi, tocati
- 1 ceapa galbena tocata
- 3 morcovi, tocați
- 1 lingura ulei de masline
- 20 uncii de roșii prăjite, fără sare adăugată
- 2 căni de bulion de legume cu conținut scăzut de sodiu
- 1 lingura busuioc uscat
- 1 cana crema de cocos
- Un praf de piper negru

Adrese:
1. Se incinge o oala cu ulei la foc mediu, se adauga ceapa si usturoiul si se calesc 5 minute.
2. Adăugați restul ingredientelor, amestecați, aduceți la fierbere, gătiți timp de 15 minute, amestecați supa cu un blender de imersie, împărțiți în boluri și serviți la prânz.

Nutriție: calorii 244, grăsimi 17,8, fibre 4,7, carbohidrați 18,6, proteine 3,8

carne de porc cu cartofi dulci

Timp de preparare: 10 minute.
Timp de preparare: 30 minute.
Porții: 4

Ingrediente:
- 4 cotlete de porc, dezosate
- 1 kg de cartofi dulci, decojiți și tăiați în felii
- 1 lingura ulei de masline
- 1 cană bulion de legume cu conținut scăzut de sodiu
- Un praf de piper negru
- 1 lingurita oregano uscat
- 1 lingurita rozmarin uscat
- 1 lingurita busuioc uscat

Adrese:
1. Se încălzește o tigaie cu ulei la foc mediu mare, se adaugă cotletele de porc și se fierbe 4 minute pe fiecare parte.
2. Adăugați cartofi dulci și alte ingrediente, acoperiți și gătiți la foc mediu încă 20 de minute, amestecând din când în când.
3. Împărțiți totul în farfurii și serviți.

Nutriție: calorii 424, grăsimi 23,7, fibre 5,1, carbohidrați 32,3, proteine 19,9

Supă de păstrăv și morcovi

Timp de preparare: 10 minute.
Timp de gătire: 25 minute.
Porții: 4

Ingrediente:
- 1 ceapa galbena tocata
- 12 căni de bulion de pește cu conținut scăzut de sodiu
- 1 kg morcovi, feliați
- 1 kg file de păstrăv, dezosați, fără piele și tăiați cubulețe
- 1 lingura boia dulce
- 1 cană roșii tăiate cubulețe
- 1 lingura ulei de masline
- piper negru după gust

Adrese:
1. Se incinge o oala cu ulei la foc mediu, se adauga ceapa, se amesteca si se caleste 5 minute.
2. Adăugați peștele, morcovii și restul ingredientelor, aduceți la fiert și fierbeți la foc mediu timp de 20 de minute.
3. Se toarnă supa în boluri și se servește.

Nutriție: Calorii 361, grăsimi 13,4, fibre 4,6, carbohidrați 164, proteine 44,1

Tocană de curcan și fenicul

Timp de preparare: 10 minute.
Timp de preparare: 45 minute.
Porții: 4

Ingrediente:
- 1 piept de curcan, fara piele, dezosat si taiat cubulete
- 2 bulbi de fenicul, tocati
- 1 lingura ulei de masline
- 2 foi de dafin
- 1 ceapa galbena tocata
- 1 cana rosii conservate, nesarate
- 2 bulion de vită cu conținut scăzut de sodiu
- 3 catei de usturoi, tocati
- piper negru după gust

Adrese:
1. Se incinge o tigaie cu ulei la foc mediu, se adauga ceapa si carnea si se calesc 5 minute.
2. Adăugați feniculul și restul ingredientelor, aduceți la fiert și fierbeți la foc mediu timp de 40 de minute, amestecând din când în când.
3. Împărțiți tocana între boluri și serviți.

Nutriție: calorii 371, grăsimi 12,8, fibre 5,3, carbohidrați 16,7, proteine 11,9

supa de vinete

Timp de preparare: 10 minute.
Timp de preparare: 30 minute.
Porții: 4

Ingrediente:
- 2 vinete mari, taiate cubulete
- 1 litru de bulion de legume cu conținut scăzut de sodiu
- 2 linguri pasta de rosii nesarata
- 1 ceapa rosie feliata
- 1 lingura ulei de masline
- 1 lingura coriandru tocat
- Un praf de piper negru

Adrese:
1. Se incinge o oala cu ulei la foc mediu, se adauga ceapa, se amesteca si se caleste 5 minute.
2. Adăugați vinetele și alte ingrediente, aduceți la fiert la foc mediu, gătiți timp de 25 de minute, împărțiți în boluri și serviți.

Nutriție: Calorii 335, grăsimi 14,4, fibre 5, carbohidrați 16,1, proteine 8,4

crema de cartofi dulci

Timp de preparare: 10 minute.
Timp de gătire: 25 minute.
Porții: 4

Ingrediente:
- 4 căni de bulion de legume
- 2 linguri ulei de avocado
- 2 cartofi dulci, curatati si taiati cubulete
- 2 cepe galbene tocate
- 2 catei de usturoi, tocati
- 1 cană lapte de cocos
- Un praf de piper negru
- ½ lingurita busuioc tocat

Adrese:
1. Se incinge o oala cu ulei la foc mediu, se adauga ceapa si usturoiul, se amesteca si se calesc 5 minute.
2. Adăugați cartofii dulci și restul ingredientelor, aduceți la fiert și fierbeți la foc mediu timp de 20 de minute.
3. Se amestecă supa cu un blender de imersie, se toarnă în boluri și se servește la prânz.

Nutriție: calorii 303, grăsimi 14,4, fibre 4, carbohidrați 9,8, proteine 4,5

Supă de pui și ciuperci

Timp de preparare: 10 minute.
Timp de preparare: 30 minute.
Porții: 4

Ingrediente:
- 1 litru de bulion de legume cu conținut scăzut de sodiu
- 1 lingura de ghimbir ras
- 1 ceapa galbena tocata
- 1 lingura ulei de masline
- 1 kilogram de piept de pui dezosat, tăiat cubulețe, fără piele
- ½ kg de ciuperci albe, feliate
- 4 ardei iute thailandezi, tocat
- ¼ cană suc de lămâie
- ¼ cană coriandru tocat
- Un praf de piper negru

Adrese:
1. Se incinge o oala cu ulei la foc mediu, se adauga ceapa, ghimbirul, chili si carnea, se amesteca si se calesc 5 minute.
2. Adăugați ciupercile, amestecați și gătiți încă 5 minute.
3. Adăugați restul ingredientelor, aduceți la fierbere și fierbeți la foc mediu încă 20 de minute.
4. Puneți supa în boluri și serviți imediat.

Nutriție: calorii 226, grăsimi 8,4, fibre 3,3, carbohidrați 13,6, proteine 28,2

Tigaie cu somon lime

Timp de preparare: 10 minute.
Timp de preparare: 20 de minute.
Porții: 4

Ingrediente:
- 4 fileuri de somon, dezosate
- 3 catei de usturoi, tocati
- 1 ceapa galbena tocata
- piper negru după gust
- 2 linguri de ulei de măsline
- Suc de 1 lime
- 1 lingura coaja de lime
- 1 lingura de cimbru tocat

Adrese:
1. Se incinge o tigaie cu ulei la foc mediu mare, se adauga ceapa si usturoiul, se amesteca si se calesc 5 minute.
2. Adăugați peștele și gătiți timp de 3 minute pe fiecare parte.
3. Se adauga restul ingredientelor, se fierbe totul inca 10 minute, se imparte in farfurii si se serveste la pranz.

Nutriție: Calorii 315, grăsimi 18,1, fibre 1,1, carbohidrați 4,9, proteine 35,1

Salată de cartofi

Timp de preparare: 10 minute.
Timp de preparare: 20 de minute.
Porții: 4

Ingrediente:
- 2 rosii, tocate
- 2 avocado, fără sâmburi și tocate
- 2 căni de baby spanac
- 2 arpagic tocat
- 1 kg de cartofi aurii, fierți, curățați și tăiați felii
- 1 lingura ulei de masline
- 1 lingura suc de lamaie
- 1 ceapa galbena tocata
- 2 catei de usturoi, tocati
- piper negru după gust
- 1 legătură de coriandru tocat

Adrese:
1. Se încălzește o tigaie cu ulei la foc mediu mare, se adaugă ceapa, ceapa și usturoiul, se amestecă și se fierbe timp de 5 minute.
2. Adăugați cartofii, amestecați ușor și gătiți încă 5 minute.
3. Adăugați restul ingredientelor, amestecați, gătiți la foc mediu încă 10 minute, împărțiți-le în boluri și serviți la prânz.

Nutriție: Calorii 342, grăsimi 23,4, fibre 11,7, carbohidrați 33,5, proteine 5

Tigaie cu carne tocata de vita si rosii

Timp de preparare: 10 minute.
Timp de preparare: 20 de minute.
Porții: 4

Ingrediente:
- 1 kg carne de vită tocată
- 1 ceapa rosie feliata
- 1 lingura ulei de masline
- 1 cană de roșii cherry, tăiate la jumătate
- ½ ardei gras rosu tocat
- piper negru după gust
- 1 lingura arpagic tocat
- 1 lingura rozmarin tocat
- 3 linguri supă de vită cu conținut scăzut de sodiu

Adrese:
1. Se incinge o tigaie cu ulei la foc mediu, se adauga ceapa si ardeii, se amesteca si se calesc 5 minute.
2. Adăugați carnea, amestecați și prăjiți încă 5 minute.
3. Adăugați restul ingredientelor, amestecați, fierbeți 10 minute, împărțiți în boluri și serviți la prânz.

Nutriție: Calorii 320, grăsimi 11,3, fibre 4,4, carbohidrați 18,4, proteine 9

Salată de creveți și avocado

Timp de preparare: 5 minute.
Timp de preparare: 0 minute.
Porții: 4

Ingrediente:
- 1 portocala, curatata si taiata felii
- 1 kilogram de creveți, fierți, curățați și devenați
- 2 căni de rucola fragedă
- 1 avocado, fără sâmburi, decojit și tăiat cubulețe
- 2 linguri de ulei de măsline
- 2 linguri de otet balsamic
- ½ suc de portocale
- sare si piper negru

Adrese:
1. Amestecați salata într-un bol, combinați creveții cu portocale și alte ingrediente, amestecați și serviți la prânz.

Nutriție: calorii 300, grăsimi 5,2, fibre 2, carbohidrați 11,4, proteine 6,7

crema de broccoli

Timp de preparare: 10 minute.
Timp de preparare: 40 de minute.
Porții: 4

Ingrediente:
- 2 kg buchetele de broccoli
- 1 ceapa galbena tocata
- 1 lingura ulei de masline
- piper negru după gust
- 2 catei de usturoi, tocati
- 3 căni de bulion de vită cu conținut scăzut de sodiu
- 1 cană lapte de cocos
- 2 linguri coriandru tocat

Adrese:
1. Se incinge o oala cu ulei la foc mediu, se adauga ceapa si usturoiul, se amesteca si se calesc 5 minute.
2. Adăugați broccoli și restul ingredientelor, cu excepția laptelui de cocos, aduceți la fierbere și gătiți la foc mediu încă 35 de minute.
3. Se amestecă supa cu un blender de imersie, se adaugă laptele de cocos, se macină din nou, se împarte în boluri și se servește.

Nutriție: Calorii 330, grăsimi 11,2, fibre 9,1, carbohidrați 16,4, proteine 9,7

Supă de varză

Timp de preparare: 10 minute.
Timp de preparare: 40 de minute.
Porții: 4

Ingrediente:
- 1 varză verde mare, tocată
- 1 ceapa galbena tocata
- 1 lingura ulei de masline
- piper negru după gust
- 1 praz tocat
- 2 căni de roșii conservate cu conținut scăzut de sodiu
- 4 căni de supă de pui cu conținut scăzut de sodiu
- 1 lingura coriandru tocat

Adrese:
1. Se incinge o oala cu ulei la foc mediu, se adauga ceapa si prazul, se amesteca si se fierbe 5 minute.
2. Adăugați varza și ingredientele rămase, cu excepția coriandru, aduceți la fierbere și gătiți la foc mediu timp de 35 de minute.
3. Puneti supa in boluri, presarati coriandru deasupra si serviti.

Nutriție: Calorii 340, grăsimi 11,7, fibre 6, carbohidrați 25,8, proteine 11,8

Supă de țelină și conopidă

Timp de preparare: 10 minute.
Timp de preparare: 40 de minute.
Porții: 4

Ingrediente:
- 2 kg buchetele de conopidă
- 1 ceapa rosie feliata
- 1 lingura ulei de masline
- 1 cană piure de roșii
- piper negru după gust
- 1 cana telina tocata
- 6 căni de bulion de pui cu conținut scăzut de sodiu
- 1 lingură mărar tocat

Adrese:
4. Se incinge o oala cu ulei la foc mediu mare, se adauga ceapa si telina, se amesteca si se fierbe 5 minute.
5. Adăugați conopida și restul ingredientelor, aduceți la fierbere și fierbeți la foc mediu încă 35 de minute.
6. Împărțiți supa în boluri și serviți.

Nutriție: Calorii 135, grăsimi 4, fibre 8, carbohidrați 21,4, proteine 7,7

Supă de porc și praz

Timp de preparare: 10 minute.
Timp de preparare: 40 de minute.
Porții: 4

Ingrediente:
- 1 kg carne de porc fiertă, tăiată cubulețe
- piper negru după gust
- 5 praz tocat
- 1 ceapa galbena tocata
- 2 linguri de ulei de măsline
- 1 lingura patrunjel tocat
- 6 căni bulion de vită cu conținut scăzut de sodiu

Adrese:
4. Se incinge o oala cu ulei la foc mediu mare, se adauga ceapa si prazul, se amesteca si se calesc 5 minute.
5. Adăugați carnea, amestecați și prăjiți încă 5 minute.
6. Adăugați restul ingredientelor, aduceți la fierbere și fierbeți la foc mediu timp de 30 de minute.
7. Se toarnă supa în boluri și se servește.

Nutriție: Calorii 395, grăsimi 18,3, fibre 2,6, carbohidrați 18,4, proteine 38,2

Broccoli, creveți și salată de mentă

Timp de preparare: 5 minute.
Timp de preparare: 20 de minute.
Porții: 4

Ingrediente:
- 1/3 cană bulion de legume cu conținut scăzut de sodiu
- 2 linguri de ulei de măsline
- 2 căni de buchețele de broccoli
- 1 kilogram de creveți, decojiți și devenați
- piper negru după gust
- 1 ceapa galbena tocata
- 4 roșii cherry, tăiate în jumătate
- 2 catei de usturoi, tocati
- suc de ½ lămâie
- ½ cană măsline kalamata, fără sâmburi și tăiate la jumătate
- 1 lingura menta macinata

Adrese:
1. Se incinge o tigaie cu ulei la foc mediu, se adauga ceapa si usturoiul, se amesteca si se calesc 3 minute.
2. Adăugați creveții, amestecați și gătiți încă 2 minute.
3. Adăugați broccoli și alte ingrediente, amestecați, fierbeți timp de 10 minute, împărțiți în boluri și serviți la prânz.

Nutriție: Calorii 270, grăsimi 11,3, fibre 4,1, carbohidrați 14,3, proteine 28,9

Supă de creveți și cod

Timp de preparare: 10 minute.
Timp de preparare: 20 de minute.
Porții: 4

Ingrediente:
- 1 litru de supă de pui cu conținut scăzut de sodiu
- ½ kg de creveți, curățați și devenați
- ½ kg file de cod, dezosate, fără piele și cuburi
- 2 linguri de ulei de măsline
- 2 lingurite pudra de chili
- 1 lingurita boia dulce
- 2 salote tocate
- Un praf de piper negru
- 1 lingură mărar tocat

Adrese:
1. Se încălzește o oală cu ulei la foc mediu, se adaugă eșalota, se amestecă și se prăjește timp de 5 minute.
2. Adăugați creveții și codul și gătiți încă 5 minute.
3. Adăugați restul ingredientelor, aduceți la fierbere și fierbeți la foc mediu timp de 10 minute.
4. Împărțiți supa în boluri și serviți.

Nutriție: Calorii 189, grăsimi 8,8, fibre 0,8, carbohidrați 3,2, proteine 24,6

Mix de creveți și ceapă verde

Timp de preparare: 10 minute.
Timp de preparare: 10 minute.
Porții: 4

Ingrediente:
- 2 kilograme de creveți, decojiți și devenați
- 1 cană de roșii cherry, tăiate la jumătate
- 1 lingura ulei de masline
- 4 cepe verde tocate
- 1 lingura otet balsamic
- 1 lingura arpagic tocat

Adrese:
1. Se incinge o tigaie cu ulei la foc mediu, se adauga ceapa si rosiile cherry, se amesteca si se calesc 4 minute.
2. Adaugati crevetii si restul ingredientelor, gatiti inca 6 minute, impartiti in farfurii si serviti.

Nutriție: calorii 313, grăsimi 7,5, fibre 1, carbohidrați 6,4, proteine 52,4

tocană de spanac

Timp de preparare: 10 minute.
Timp de preparare: 15 minute.
Porții: 4

Ingrediente:
- 1 lingura ulei de masline
- 1 lingurita de ghimbir ras
- 2 catei de usturoi, tocati
- 1 ceapa galbena tocata
- 2 rosii, tocate
- 1 cana rosii conservate, nesarate
- 1 lingurita de chimion, macinat
- Un praf de piper negru
- 1 cană bulion de legume cu conținut scăzut de sodiu
- 2 kg frunze de spanac

Adrese:
1. Se incinge o oala cu ulei la foc mediu, se adauga ghimbirul, usturoiul si ceapa, se amesteca si se calesc 5 minute.
2. Adăugați roșiile, roșiile conservate și alte ingrediente, amestecați ușor, aduceți la fiert și gătiți încă 10 minute.
3. Împărțiți tocana între boluri și serviți.

Nutriție: Calorii 123, grăsimi 4,8, fibre 7,3, carbohidrați 17, proteine 8,2

amestec de conopidă curry

Timp de preparare: 10 minute.
Timp de gătire: 25 minute.
Porții: 4

Ingrediente:
- 1 ceapa rosie feliata
- 1 lingura ulei de masline
- 2 catei de usturoi, tocati
- 1 ardei gras rosu tocat
- 1 ardei verde tocat
- 1 lingura suc de lamaie
- 1 kg buchetele de conopidă
- 14 uncii de roșii conservate, tocate
- 2 lingurițe pudră de curry
- Un praf de piper negru
- 2 cesti de crema de cocos
- 1 lingura coriandru tocat

Adrese:
1. Se incinge o oala cu ulei la foc mediu, se adauga ceapa si usturoiul, se amesteca si se fierbe 5 minute.
2. Adăugați boia și alte ingrediente, aduceți totul la fiert și fierbeți la foc mediu timp de 20 de minute.
3. Împărțiți totul în boluri și serviți.

Nutriție: Calorii 270, grăsimi 7,7, fibre 5,4, carbohidrați 12,9, proteine 7

Tocană de morcovi și dovlecei

Timp de preparare: 10 minute.
Timp de preparare: 30 minute.
Porții: 4

Ingrediente:
- 1 ceapa galbena tocata
- 2 linguri de ulei de măsline
- 2 catei de usturoi, tocati
- 4 dovlecei, feliați
- 2 morcovi feliați
- 1 lingurita boia dulce
- ¼ linguriță de pudră de chili
- Un praf de piper negru
- ½ ceasca rosii tocate
- 2 căni de bulion de legume cu conținut scăzut de sodiu
- 1 lingura arpagic tocat
- 1 lingura rozmarin tocat

Adrese:
1. Se incinge o oala cu ulei la foc mediu, se adauga ceapa si usturoiul, se amesteca si se calesc 5 minute.
2. Adăugați dovleceii, morcovii și alte ingrediente, aduceți la fiert și gătiți încă 25 de minute.
3. Împărțiți tocanita între boluri și serviți imediat la prânz.

Nutriție: Calorii 272, grăsimi 4,6, fibre 4,7, carbohidrați 14,9, proteine 9

Tocană de varză și fasole verde

Timp de preparare: 10 minute.
Timp de gătire: 25 minute.
Porții: 4

Ingrediente:
- 2 linguri de ulei de măsline
- 1 varză mov, tocată
- 1 ceapa rosie feliata
- 1 kilogram de fasole verde, tăiată și tăiată la jumătate
- 2 catei de usturoi, tocati
- 7 uncii de roșii conservate, tăiate cubulețe, fără sare adăugată
- 2 căni de bulion de legume cu conținut scăzut de sodiu
- Un praf de piper negru
- 1 lingură mărar tocat

Adrese:
1. Se incinge o oala cu ulei la foc mediu, se adauga ceapa si usturoiul, se amesteca si se calesc 5 minute.
2. Se adauga varza si restul ingredientelor, se amesteca, se acopera si se fierbe la foc mediu 20 de minute.
3. Împărțiți în boluri și serviți la prânz.

Nutriție: Calorii 281, grăsimi 8,5, fibre 7,1, carbohidrați 14,9, proteine 6,7

Supă de ciuperci și chili

Timp de preparare: 5 minute.
Timp de preparare: 30 minute.
Porții: 4

Ingrediente:
- 1 ceapa galbena tocata
- 1 lingura ulei de masline
- 1 ardei iute roșu tocat
- 1 lingurita pudra de chili
- ½ lingurita boia iute
- 4 catei de usturoi, tocati
- 1 kg de ciuperci albe, feliate
- 6 căni de bulion de legume cu conținut scăzut de sodiu
- 1 cana rosii tocate
- ½ lingurita patrunjel tocat

Adrese:
1. Se încălzește o oală cu ulei la foc mediu, se adaugă ceapa, chili, ardeiul iute, praful de chili și usturoiul, se amestecă și se prăjesc timp de 5 minute.
2. Adăugați ciupercile, amestecați și gătiți încă 5 minute.
3. Adăugați restul ingredientelor, aduceți la fiert și fierbeți la foc mediu timp de 20 de minute.
4. Împărțiți supa în boluri și serviți.

Nutriție: Calorii 290, grăsimi 6,6, fibre 4,6, carbohidrați 16,9, proteine 10

carne de porc chili

Timp de preparare: 10 minute.
Timp de preparare: 30 minute.
Porții: 4

Ingrediente:
- 2 kg carne de porc fiertă, tăiată cubulețe
- 2 linguri pasta de chili
- 1 ceapa galbena tocata
- 2 catei de usturoi, tocati
- 1 lingura ulei de masline
- 2 căni de bulion de vită cu conținut scăzut de sodiu
- 1 lingura oregano macinat

Adrese:
1. Se incinge o oala cu ulei la foc mediu mare, se adauga ceapa si usturoiul, se amesteca si se calesc 5 minute.
2. Adăugați carnea și prăjiți-o încă 5 minute.
3. Adăugați restul ingredientelor, aduceți la fierbere și fierbeți la foc mediu încă 20 de minute.
4. Împărțiți amestecul în boluri și serviți.

Nutriție: Calorii 363, grăsimi 8,6, fibre 7, carbohidrați 17,3, proteine 18,4

Salata de ciuperci cu ardei si somon

Timp de preparare: 10 minute.
Timp de preparare: 20 de minute.
Porții: 4

Ingrediente:
- 10 oz cubulețe de somon afumat, cu conținut scăzut de sodiu, dezosat și fără piele
- 2 cepe verde tocate
- 2 ardei iute roșii, feliați
- 1 lingura ulei de masline
- ½ linguriță de oregano uscat
- ½ lingurita boia afumata
- Un praf de piper negru
- 8 uncii ciuperci albe, feliate
- 1 lingura suc de lamaie
- 1 cană măsline negre, fără sâmburi și tăiate la jumătate
- 1 lingura patrunjel tocat

Adrese:
1. Încinge o tigaie cu ulei la foc mediu, adaugă ceapa și ardei iute, amestecă și gătește timp de 4 minute.
2. Adăugați ciupercile, amestecați și prăjiți timp de 5 minute.
3. Adăugați somonul și alte ingrediente, amestecați, fierbeți încă 10 minute, împărțiți în boluri și serviți la prânz.

Nutriție: Calorii 321, grăsimi 8,5, fibre 8, carbohidrați 22,2, proteine 13,5

Un amestec de năut și cartofi.

Timp de preparare: 10 minute.
Timp de preparare: 30 minute.
Porții: 4

Ingrediente:
- 2 linguri de ulei de măsline
- 1 cană de năut conservat, nesărat, se scurge și se clătește
- 1 kg de cartofi dulci, decojiți și tăiați în felii
- 4 catei de usturoi, tocati
- 2 salote tocate
- 1 cana rosii conservate, nesarate si tocate
- 1 lingurita coriandru macinat
- 2 rosii, tocate
- 1 cană bulion de legume cu conținut scăzut de sodiu
- Un praf de piper negru
- 1 lingura suc de lamaie
- 1 lingura coriandru tocat

Adrese:
1. Se incinge o oala cu ulei la foc mediu, se adauga salota si usturoiul, se amesteca si se prajesc 5 minute.
2. Adăugați năutul, cartofii și alte ingrediente, aduceți la fierbere și gătiți la foc mediu timp de 25 de minute.
3. Împărțiți totul în boluri și serviți la prânz.

Nutriție: Calorii 341, grăsimi 11,7, fibre 6, carbohidrați 14,9, proteine 18,7

Mix de pui cu cardamom

Timp de preparare: 10 minute.
Timp de preparare: 30 minute.
Porții: 4

Ingrediente:
- 1 lingura ulei de masline
- 1 kilogram de piept de pui dezosat, tăiat cubulețe, fără piele
- 1 șalotă tocată
- 1 lingura de ghimbir ras
- 2 catei de usturoi, tocati
- 1 lingurita cardamom, macinat
- ½ linguriță de pudră de turmeric
- 1 lingurita suc de lamaie
- 1 cană bulion de pui cu conținut scăzut de sodiu
- 1 lingura coriandru tocat

Adrese:
1. Se încălzește o oală cu ulei la foc mediu mare, se adaugă eșalota, ghimbirul, usturoiul, cardamomul și turmeric, se amestecă și se fierbe timp de 5 minute.
2. Adăugați carnea și prăjiți-o timp de 5 minute.
3. Adăugați restul ingredientelor, aduceți totul la fiert și gătiți timp de 20 de minute.
4. Împărțiți amestecul în boluri și serviți.

Nutriție: calorii 175, grăsimi 6,5, fibre 0,5, carbohidrați 3,3, proteine 24,7

chili de linte

Timp de preparare: 10 minute.
Timp de gătire: 35 minute.
Porții: 6

Ingrediente:
- 1 ardei verde tocat
- 1 lingura ulei de masline
- 2 arpagic tocat
- 2 catei de usturoi, tocati
- Scurgeți și clătiți 24 de uncii de linte conservată fără a adăuga sare
- 2 căni de bulion de legume
- 2 linguri pudră de chili, blândă
- ½ linguriță pudră de chipotle
- 30 uncii de roșii conservate, fără sare adăugată, tocate
- Un praf de piper negru

Adrese:
1. Se incinge o oala cu ulei la foc mediu, se adauga ceapa si usturoiul, se amesteca si se calesc 5 minute.
2. Adăugați ardeiul gras, lintea și alte ingrediente, aduceți la fierbere și gătiți la foc mediu timp de 30 de minute.
3. Împărțiți chili-ul în boluri și serviți la prânz.

Nutriție: Calorii 466, grăsimi 5, fibre 37,6, carbohidrați 77,9, proteine 31,2

andive cu rozmarin

Timp de preparare: 10 minute.
Timp de preparare: 20 de minute.
Porții: 4

Ingrediente:
- 2 andive tăiate în jumătate pe lungime
- 2 linguri de ulei de măsline
- 1 lingurita rozmarin uscat
- ½ linguriță de pudră de turmeric
- Un praf de piper negru

Adrese:
1. Într-o tigaie de prăjire, combinați andivele cu ulei și alte ingrediente, amestecați ușor, puneți la cuptor și prăjiți la 400 ° F timp de 20 de minute.
2. Împărțiți în farfurii și serviți ca garnitură.

Nutriție: calorii 66, grăsimi 7,1, fibre 1, carbohidrați 1,2, proteine 0,3

andive de lamaie

Timp de preparare: 10 minute.
Timp de preparare: 20 de minute.
Porții: 4

Ingrediente:
- 4 andive tăiate în jumătate pe lungime
- 1 lingura suc de lamaie
- 1 lingură coajă de lămâie rasă
- 2 linguri de parmezan ras fara grasimi
- 2 linguri de ulei de măsline
- Un praf de piper negru

Adrese:
1. Într-o tavă de copt, combinați andivele cu sucul de lămâie și toate celelalte ingrediente, cu excepția parmezanului, și amestecați.
2. Presărați parmezan deasupra, coaceți andivele la 400°F timp de 20 de minute, împărțiți-le în farfurii și serviți ca garnitură.

Nutriție: calorii 71, grăsimi 7,1, fibre 0,9, carbohidrați 2,3, proteine 0,9

sparanghel cu pesto

Timp de preparare: 10 minute.
Timp de preparare: 20 de minute.
Porții: 4

Ingrediente:
- 1 kilogram de sparanghel, tocat
- 2 linguri pesto de busuioc
- 1 lingura suc de lamaie
- Un praf de piper negru
- 3 linguri ulei de masline
- 2 linguri coriandru tocat

Adrese:
1. Aranjați sparanghelul pe o foaie de copt tapetată, adăugați pesto și alte ingrediente, amestecați, puneți la cuptor și coaceți la 400 ° F timp de 20 de minute.
2. Împărțiți în farfurii și serviți ca garnitură.

Nutriție: calorii 114, grăsimi 10,7, fibre 2,4, carbohidrați 4,6, proteine 2,6

morcovi cu ardei

Timp de preparare: 10 minute.
Timp de preparare: 30 minute.
Porții: 4

Ingrediente:
- 1 kilogram de morcovi pui, tocați
- 1 lingura boia dulce
- 1 lingurita suc de lamaie
- 3 linguri ulei de masline
- Un praf de piper negru
- 1 lingurita de susan

Adrese:
1. Puneți morcovii pe o tavă de copt tapetată, adăugați ardeiul gras și toate celelalte ingrediente, cu excepția semințelor de susan, amestecați, puneți la cuptor și coaceți la 400 ° F timp de 30 de minute.
2. Împărțiți morcovii în farfurii, presărați deasupra semințe de susan și serviți ca garnitură.

Nutriție: calorii 142, grăsimi 11,3, fibre 4,1, carbohidrați 11,4, proteine 1,2

Caserolă cremoasă de cartofi

Timp de preparare: 10 minute.
Timp de gătire: 1 oră.
Porții: 8

Ingrediente:
- 1 kg de cartofi aurii, curățați și tăiați felii
- 2 linguri de ulei de măsline
- 1 ceapa rosie feliata
- 2 catei de usturoi, tocati
- 2 cesti de crema de cocos
- 1 lingura de cimbru tocat
- ¼ lingurita de nucsoara macinata
- ½ cană de brânză parmezan cu conținut scăzut de grăsimi ras

Adrese:
1. Se incinge o tigaie cu ulei la foc mediu, se adauga ceapa si usturoiul si se calesc 5 minute.
2. Adăugați cartofii și prăjiți încă 5 minute.
3. Adăugați smântâna și restul ingredientelor, amestecați ușor, aduceți la fierbere și fierbeți la foc mediu încă 40 de minute.
4. Împărțiți amestecul în farfurii și serviți ca garnitură.

Nutriție: Calorii 230, grăsimi 19,1, fibre 3,3, carbohidrați 14,3, proteine 3,6

varză de susan

Timp de preparare: 10 minute.
Timp de preparare: 20 de minute.
Porții: 4

Ingrediente:
- 1 kg de varză verde, mărunțită
- 2 linguri de ulei de măsline
- Un praf de piper negru
- 1 șalotă tocată
- 2 catei de usturoi, tocati
- 2 linguri de otet balsamic
- 2 lingurite de boia iute
- 1 lingurita de susan

Adrese:
1. Se încălzește o tigaie cu ulei la foc mediu, se adaugă eșapa și usturoiul și se prăjesc 5 minute.
2. Adăugați varza și alte ingrediente, amestecați, gătiți la foc mediu timp de 15 minute, împărțiți în farfurii și serviți.

Nutriție: Calorii 101, grăsimi 7,6, fibre 3,4, carbohidrați 84, proteine 1,9

broccoli cu coriandru

Timp de preparare: 10 minute.
Timp de preparare: 30 minute.
Porții: 4

Ingrediente:
- 2 linguri de ulei de măsline
- 1 kg buchetele de broccoli
- 2 catei de usturoi, tocati
- 2 linguri sos chili
- 1 lingura suc de lamaie
- Un praf de piper negru
- 2 linguri coriandru tocat

Adrese:
1. Combinați broccoli cu ulei, usturoi și alte ingrediente într-o tavă, amestecați ușor, puneți la cuptor și prăjiți la 400 ° F timp de 30 de minute.
2. Împărțiți amestecul în farfurii și serviți ca garnitură.

Nutriție: Calorii 103, grăsimi 7,4, fibre 3, carbohidrați 8,3, proteine 3,4

varza de Bruxelles cu chili

Timp de preparare: 10 minute.
Timp de gătire: 25 minute.
Porții: 4

Ingrediente:
- 1 lingura ulei de masline
- 1 liră varză de Bruxelles, tăiată și tăiată la jumătate
- 2 catei de usturoi, tocati
- ½ cană de brânză mozzarella mărunțită cu conținut scăzut de grăsimi
- Un praf de fulgi de piper, zdrobiti

Adrese:
1. Într-o tavă de copt, combinați mugurii cu uleiul și restul ingredientelor, cu excepția brânzei, și amestecați.
2. Presărați brânză deasupra, puneți la cuptor și coaceți la 400 ° F timp de 25 de minute.
3. Împărțiți în farfurii și serviți ca garnitură.

Nutriție: Calorii 91, grăsimi 4,5, fibre 4,3, carbohidrați 10,9, proteine 5

Un amestec de varză de Bruxelles și ceapă verde

Timp de preparare: 10 minute.
Timp de gătire: 25 minute.
Porții: 4

Ingrediente:
- 2 linguri de ulei de măsline
- 1 liră varză de Bruxelles, tăiată și tăiată la jumătate
- 3 cepe verde tocate
- 2 catei de usturoi, tocati
- 1 lingura otet balsamic
- 1 lingura boia dulce
- Un praf de piper negru

Adrese:
1. Pe o foaie de copt, combinați varza de Bruxelles cu ulei și alte ingrediente, amestecați și prăjiți la 400 ° F timp de 25 de minute.
2. Împărțiți amestecul în farfurii și serviți.

Nutriție: calorii 121, grăsimi 7,6, fibre 5,2, carbohidrați 12,7, proteine 4,4

Piure de conopida

Timp de preparare: 10 minute.
Timp de gătire: 25 minute.
Porții: 4

Ingrediente:
- 2 kg buchetele de conopidă
- ½ cană lapte de cocos
- Un praf de piper negru
- ½ cană de smântână cu conținut scăzut de grăsimi
- 1 lingura coriandru tocat
- 1 lingura arpagic tocat

Adrese:
1. Se pune conopida într-o oală, se adaugă apă pentru a acoperi, se aduce la fierbere la foc mediu, se fierbe 25 de minute și se scurge.
2. Se zdrobește conopida, se adaugă laptele, piperul negru și smântâna, se bat bine, se distribuie în farfurii, se presară restul ingredientelor deasupra și se servesc.

Nutriție: Calorii 188, grăsimi 13,4, fibre 6,4, carbohidrați 15, proteine 6,1

Salata de avocado

Timp de preparare: 5 minute.
Timp de preparare: 0 minute.
Porții: 4

Ingrediente:
- 2 linguri de ulei de măsline
- 2 avocado, decojite, fără sâmburi și tăiate felii
- 1 cană măsline kalamata, fără sâmburi și tăiate la jumătate
- 1 cană roșii tăiate cubulețe
- 1 lingura de ghimbir ras
- Un praf de piper negru
- 2 căni de rucola fragedă
- 1 lingura otet balsamic

Adrese:
1. Combinați avocado cu kalamata și restul ingredientelor într-un bol, amestecați și serviți ca garnitură.

Nutriție: Calorii 320, grăsimi 30,4, fibre 8,7, carbohidrați 13,9, proteine 3

salata de ridichi

Timp de preparare: 5 minute.
Timp de preparare: 0 minute.
Porții: 4

Ingrediente:
- 2 cepe verde, feliate
- 1 kg ridichi, tăiate cubulețe
- 2 linguri de otet balsamic
- 2 linguri de ulei de măsline
- 1 lingurita pudra de chili
- 1 cană măsline negre, fără sâmburi și tăiate la jumătate
- Un praf de piper negru

Adrese:
1. Într-un castron mare de salată, combinați ridichile cu ceapa și ingredientele rămase, amestecați și serviți ca garnitură.

Nutriție: Calorii 123, grăsimi 10,8, fibre 3,3, carbohidrați 7, proteine 1,3

Salata de escarola cu lamaie

Timp de preparare: 5 minute.
Timp de preparare: 0 minute.
Porții: 4

Ingrediente:
- 2 andive ras
- 1 lingură mărar tocat
- ¼ cană suc de lămâie
- ¼ cană ulei de măsline
- 2 căni de baby spanac
- 2 roșii, tăiate cubulețe
- 1 castravete feliat
- ½ ceasca de nuci tocate

Adrese:
1. Într-un castron mare, combinați andivele cu spanacul și restul ingredientelor, amestecați și serviți ca garnitură.

Nutriție: Calorii 238, grăsimi 22,3, fibre 3,1, carbohidrați 8,4, proteine 5,7

Un amestec de măsline şi porumb.

Timp de preparare: 5 minute.
Timp de preparare: 0 minute.
Porții: 4

Ingrediente:
- 2 linguri de ulei de măsline
- 1 lingura otet balsamic
- Un praf de piper negru
- 4 cani de porumb
- 2 căni de măsline negre, fără sâmburi și tăiate la jumătate
- 1 ceapa rosie feliata
- ½ cană de roşii cherry, tăiate la jumătate
- 1 lingura busuioc tocat
- 1 lingură jalapeno tocat
- 2 cani de salata romana, tocata

Adrese:
1. Combinați porumbul, măslinele, salata verde și ingredientele rămase într-un castron mare, amestecați bine, împărțiți-le în farfurii și serviți ca garnitură.

Nutriție: Calorii 290, grăsimi 16,1, fibre 7,4, carbohidrați 37,6, proteine 6,2

Salata de rucola si nuci de pin

Timp de preparare: 5 minute.
Timp de preparare: 0 minute.
Porții: 4

Ingrediente:
- ¼ cană semințe de rodie
- 5 căni de rucola fragedă
- 6 linguri ceapa verde tocata
- 1 lingura otet balsamic
- 2 linguri de ulei de măsline
- 3 linguri de nuci de pin
- ½ eșalotă tocată

Adrese:
1. Combinați rucola cu rodia și alte ingrediente într-un castron de salată, amestecați și serviți.

Nutriție: Calorii 120, grăsimi 11,6, fibre 0,9, carbohidrați 4,2, proteine 1,8

migdale si spanac

Timp de preparare: 10 minute.
Timp de preparare: 0 minute.
Porții: 4

Ingrediente:
- 2 linguri de ulei de măsline
- 2 avocado, decojite, fără sâmburi și tăiate felii
- 3 căni de baby spanac
- ¼ cană migdale, prăjite și tocate
- 1 lingura suc de lamaie
- 1 lingura coriandru tocat

Adrese:
1. Combinați avocado cu migdale, spanacul și ingredientele rămase într-un castron, amestecați și serviți ca garnitură.

Nutriție: calorii 181, grăsimi 4, fibre 4,8, carbohidrați 11,4, proteine 6

Salată de fasole verde și porumb

Timp de preparare: 4 minute.
Timp de preparare: 0 minute.
Porții: 4

Ingrediente:
- Suc de 1 lime
- 2 cani de salata romana, tocata
- 1 cană de porumb
- ½ kilogram de fasole verde, albită și tăiată în jumătate
- 1 castravete tocat
- 1/3 cana arpagic tocat

Adrese:
1. Amestecați fasolea verde cu porumbul și restul ingredientelor într-un bol, amestecați și serviți.

Nutriție: calorii 225, grăsimi 12, fibre 2,4, carbohidrați 11,2, proteine 3,5

Salată de andive și varză

Timp de preparare: 4 minute.
Timp de preparare: 0 minute.
Porții: 4

Ingrediente:
- 3 linguri ulei de masline
- 2 andive, feliate și rase
- 2 linguri suc de lamaie
- 1 lingura coaja de lime
- 1 ceapa rosie feliata
- 1 lingura otet balsamic
- 1 kilogram de varză, ruptă
- Un praf de piper negru

Adrese:
1. Amestecam andivele cu varza kale si restul ingredientelor intr-un bol, amestecam bine si servim rece ca garnitura.

Nutriție: Calorii 270, grăsimi 11,4, fibre 5, carbohidrați 14,3, proteine 5,7

salata edamame

Timp de preparare: 5 minute.
Timp de gătire: 6 minute.
Porții: 4

Ingrediente:
- 2 linguri de ulei de măsline
- 2 linguri de otet balsamic
- 2 catei de usturoi, tocati
- 3 căni de edamame, fără coajă
- 1 lingura arpagic tocat
- 2 salote tocate

Adrese:
1. Se incinge o tigaie cu ulei la foc mediu, se adauga edamame, usturoiul si celelalte ingrediente, se amesteca, se fierbe 6 minute, se distribuie in farfurii si se servesc.

Nutriție: Calorii 270, grăsimi 8,4, fibre 5,3, carbohidrați 11,4, proteine 6

Salată de struguri și avocado

Timp de preparare: 5 minute.
Timp de preparare: 0 minute.
Porții: 4

Ingrediente:
- 2 căni de baby spanac
- 2 avocado, decojite, fără sâmburi și tăiate cubulețe
- 1 castravete feliat
- 1 cană și jumătate de struguri verzi, tăiați la jumătate
- 2 linguri ulei de avocado
- 1 lingura otet de cidru
- 2 linguri patrunjel tocat
- Un praf de piper negru

Adrese:
1. Combinați puiul de spanac cu avocado și ingredientele rămase într-un castron de salată, amestecați și serviți.

Nutriție: Calorii 277, grăsimi 11,4, fibre 5, carbohidrați 14,6, proteine 4

Amestecul de vinete cu oregano

Timp de preparare: 10 minute.
Timp de preparare: 20 de minute.
Porții: 4

Ingrediente:
- 2 vinete mari, taiate cubulete
- 1 lingura oregano macinat
- ½ cană de brânză parmezan cu conținut scăzut de grăsimi ras
- ¼ linguriță de usturoi pudră
- 2 linguri de ulei de măsline
- Un praf de piper negru

Adrese:
1. Într-o tigaie, combinați vinetele cu oregano și restul ingredientelor, cu excepția brânzei, și amestecați.
2. Presărați parmezan deasupra, introduceți-l la cuptor și coaceți la 370 de grade F timp de 20 de minute.
3. Împărțiți în farfurii și serviți ca garnitură.

Nutriție: Calorii 248, grăsimi 8,4, fibre 4, carbohidrați 14,3, proteine 5,4

Mix de roșii prăjite

Timp de preparare: 10 minute.
Timp de preparare: 20 de minute.
Porții: 4

Ingrediente:
- 2 kg de roșii, tăiate la jumătate
- 1 lingura busuioc tocat
- 3 linguri ulei de masline
- 1 coajă de lămâie rasă
- 3 catei de usturoi, tocati
- ¼ de cană de brânză parmezan cu conținut scăzut de grăsimi rasă
- Un praf de piper negru

Adrese:
1. Într-o tavă de copt, combinați roșiile cu busuiocul și restul ingredientelor, cu excepția brânzei, și amestecați.
2. Se presară parmezan deasupra, se coace la 375 de grade F timp de 20 de minute, se împarte în farfurii și se servește ca garnitură.

Nutriție: Calorii 224, grăsimi 12, fibre 4,3, carbohidrați 10,8, proteine 5,1

ciuperci de cimbru

Timp de preparare: 10 minute.
Timp de preparare: 30 minute.
Porții: 4

Ingrediente:
- 2 kilograme de ciuperci albe, tăiate în jumătate
- 4 catei de usturoi, tocati
- 2 linguri de ulei de măsline
- 1 lingura de cimbru tocat
- 2 linguri patrunjel tocat
- piper negru după gust

Adrese:
1. Într-o tavă de copt, combinați ciupercile cu usturoiul și restul ingredientelor, amestecați, puneți la cuptor și prăjiți la 400°F timp de 30 de minute.
2. Împărțiți în farfurii și serviți ca garnitură.

Nutriție: Calorii 251, grăsimi 9,3, fibre 4, carbohidrați 13,2, proteine 6

Spanac si porumb sotate

Timp de preparare: 10 minute.
Timp de preparare: 15 minute.
Porții: 4

Ingrediente:
- 1 cană de porumb
- 1 kilogram de frunze de spanac
- 1 lingurita boia dulce
- 1 lingura ulei de masline
- 1 ceapa galbena tocata
- ½ cană busuioc, tocat
- Un praf de piper negru
- ½ linguriță fulgi de ardei roșu

Adrese:
1. Se incinge o tigaie cu ulei la foc mediu mare, se adauga ceapa, se amesteca si se caleste 5 minute.
2. Adaugam porumbul, spanacul si restul ingredientelor, amestecam, fierbem la foc mediu inca 10 minute, impartim in farfurii si servim.

Nutriție: calorii 201, grăsimi 13,1, fibre 2,5, carbohidrați 14,4, proteine 3,7

Porumb și ceapă înăbușite

Timp de preparare: 10 minute.
Timp de preparare: 15 minute.
Porții: 4

Ingrediente:
- 4 cani de porumb
- 1 lingura ulei de avocado
- 2 salote tocate
- 1 lingurita pudra de chili
- 2 linguri pasta de tomate, fara sare adaugata
- 3 arpagic tocat
- Un praf de piper negru

Adrese:
1. Se incinge o tigaie cu ulei la foc mediu mare, se adauga ceapa si praful de chili, se amesteca si se prajesc 5 minute.
2. Adăugați porumbul și restul ingredientelor, amestecați, gătiți încă 10 minute, împărțiți în farfurii și serviți ca garnitură.

Nutriție: Calorii 259, grăsimi 11,1, fibre 2,6, carbohidrați 13,2, proteine 3,5

salata de spanac si mango

Timp de preparare: 10 minute.
Timp de preparare: 0 minute.
Porții: 4

Ingrediente:
- 1 cană de mango, decojit și tăiat cubulețe
- 4 căni de baby spanac
- 1 lingura ulei de masline
- 2 arpagic tocat
- 1 lingura suc de lamaie
- 1 lingura capere, scurse, fara sare
- 1/3 cana migdale tocate

Adrese:
1. Se amestecă spanacul cu mango și celelalte ingrediente într-un bol, se amestecă și se servește.

Nutriție: calorii 200, grăsimi 7,4, fibre 3, carbohidrați 4,7, proteine 4,4

cartofi prajiti cu mustar

Timp de preparare: 5 minute.
Timp de gătire: 1 oră.
Porții: 4

Ingrediente:
- 1 kg de cartofi aurii, curățați și tăiați felii
- 2 linguri de ulei de măsline
- Un praf de piper negru
- 2 linguri rozmarin tocat
- 1 lingură muștar de Dijon
- 2 catei de usturoi, tocati

Adrese:
1. Pe o foaie de copt, combinați cartofii cu uleiul și celelalte ingrediente, amestecați, introduceți la cuptor la 400°F și coaceți aproximativ 1 oră.
2. Împărțiți în farfurii și serviți imediat ca garnitură.

Nutriție: Calorii 237, grăsimi 11,5, fibre 6,4, carbohidrați 14,2, proteine 9

Varza de Bruxelles de cocos

Timp de preparare: 5 minute.
Timp de preparare: 30 minute.
Porții: 4

Ingrediente:
- 1 liră varză de Bruxelles, tăiată și tăiată la jumătate
- 1 cana crema de cocos
- 1 lingura ulei de masline
- 2 salote tocate
- Un praf de piper negru
- ½ cană caju tocate

Adrese:
1. Într-o tavă, combinați varza cu smântâna și celelalte ingrediente, amestecați și prăjiți la cuptor timp de 30 de minute la 350°F.
2. Împărțiți în farfurii și serviți ca garnitură.

Nutriție:calorii 270, grăsimi 6,5, fibre 5,3, carbohidrați 15,9, proteine 3,4

morcovi cu salvie

Timp de preparare: 10 minute.
Timp de preparare: 30 minute.
Porții: 4

Ingrediente:
- 2 linguri de ulei de măsline
- 2 lingurite de boia dulce
- 1 kilogram de morcovi, decojiți și tăiați cubulețe
- 1 ceapa rosie feliata
- 1 lingura de salvie macinata
- Un praf de piper negru

Adrese:
1. Combinați morcovii cu ulei și alte ingrediente pe o foaie de copt, aruncați și prăjiți la 380 ° F timp de 30 de minute.
2. Împărțiți în farfurii și serviți.

Nutriție: Calorii 200, grăsimi 8,7, fibre 2,5, carbohidrați 7,9, proteine 4

Ciuperci cu usturoi si porumb

Timp de preparare: 10 minute.
Timp de preparare: 20 de minute.
Porții: 4

Ingrediente:
- 1 kg de ciuperci albe, tăiate în jumătate
- 2 cani de porumb
- 2 linguri de ulei de măsline
- 4 catei de usturoi, tocati
- 1 cana rosii conservate, fara sare adaugata, tocate
- Un praf de piper negru
- ½ linguriță de pudră de chili

Adrese:
1. Se incinge o tigaie cu ulei la foc mediu, se adauga ciupercile, usturoiul si porumbul, se amesteca si se prajesc 10 minute.
2. Se adauga restul ingredientelor, se amesteca, se fierbe la foc mediu inca 10 minute, se imparte in farfurii si se serveste.

Nutriție: calorii 285, grăsimi 13, fibre 2,2, carbohidrați 14,6, proteine 6,7.

fasole verde cu pesto

Timp de preparare: 10 minute.
Timp de preparare: 15 minute.
Porții: 4

Ingrediente:
- 2 linguri pesto de busuioc
- 2 lingurite de boia dulce
- 1 kilogram de fasole verde, tăiată și tăiată la jumătate
- suc de 1 lămâie
- 2 linguri de ulei de măsline
- 1 ceapa rosie feliata
- Un praf de piper negru

Adrese:
1. Se incinge o tigaie cu ulei la foc mediu mare, se adauga ceapa, se amesteca si se caleste 5 minute.
2. Se adauga fasolea si restul ingredientelor, se amesteca, se fierbe la foc mediu 10 minute, se imparte in farfurii si se serveste.

Nutriție: Calorii 280, grăsimi 10, fibre 7,6, carbohidrați 13,9, proteine 4,7

rosii tarhon

Timp de preparare: 5 minute.
Timp de preparare: 0 minute.
Porții: 4

Ingrediente:
- 1 linguriță și jumătate de ulei de măsline
- 1 kilogram de roșii, tăiate cubulețe
- 1 lingura suc de lamaie
- 1 lingura coaja de lime
- 2 linguri tarhon tocat
- Un praf de piper negru

Adrese:
1. Combinati rosiile cu restul ingredientelor intr-un bol, amestecati si serviti ca salata.

Nutriție: Calorii 170, grăsimi 4, fibre 2,1, carbohidrați 11,8, proteine 6

migdale de sfeclă

Timp de preparare: 10 minute.
Timp de preparare: 30 minute.
Porții: 4

Ingrediente:
- 4 sfeclă, curățată și tăiată felii
- 3 linguri ulei de masline
- 2 linguri migdale tocate
- 2 linguri de otet balsamic
- Un praf de piper negru
- 2 linguri patrunjel tocat

Adrese:
1. Se amestecă sfecla cu uleiul și restul ingredientelor într-o tigaie, se amestecă, se dă la cuptor și se prăjește la 400°F timp de 30 de minute.
2. Împărțiți amestecul în farfurii și serviți.

Nutriție: Calorii 230, grăsimi 11, fibre 4,2, carbohidrați 7,3, proteine 3,6

Roșii de mentă și porumb

Timp de preparare: 5 minute.
Timp de preparare: 0 minute.
Porții: 4

Ingrediente:
- 2 linguri de menta macinata
- 1 kilogram de roșii, tăiate cubulețe
- 2 cani de porumb
- 2 linguri de ulei de măsline
- 1 lingura otet de rozmarin
- Un praf de piper negru

Adrese:
1. Într-un bol de salată, combinați roșiile cu porumbul și restul ingredientelor, amestecați și serviți.

Bucurați-vă!

Nutriție: Calorii 230, grăsimi 7,2, fibre 2, carbohidrați 11,6, proteine 4

Dovlecel și sos de avocado

Timp de preparare: 5 minute.
Timp de preparare: 10 minute.
Porții: 4

Ingrediente:
- 2 linguri de ulei de măsline
- 2 dovlecei, tăiați cubulețe
- 1 avocado, decojit, fără sâmburi și tăiat cubulețe
- 2 roșii, tăiate cubulețe
- 1 castravete tăiat cubulețe
- 1 ceapa galbena tocata
- 2 linguri suc proaspăt de lămâie
- 2 linguri coriandru tocat

Adrese:
1. Se incinge o tigaie cu ulei la foc mediu, se adauga ceapa si dovlecelul, se amesteca si se calesc 5 minute.
2. Adăugați restul ingredientelor, amestecați, gătiți încă 5 minute, împărțiți în farfurii și serviți.

Nutriție: Calorii 290, grăsimi 11,2, fibre 6,1, carbohidrați 14,7, proteine 5,6

Un amestec de mere și varză.

Timp de preparare: 5 minute.
Timp de preparare: 0 minute.
Porții: 4

Ingrediente:
- 2 mere verzi, fără miez și tăiate cubulețe
- 1 varză mov, tocată
- 2 linguri de otet balsamic
- ½ lingurita de chimion
- 2 linguri de ulei de măsline
- piper negru după gust

Adrese:
1. Combinați varza cu merele și restul ingredientelor într-un bol, amestecați și serviți ca salată.

Nutriție: Calorii 165, grăsimi 7,4, fibre 7,3, carbohidrați 26, proteine 2,6

sfeclă prăjită

Timp de preparare: 10 minute.
Timp de preparare: 30 minute.
Porții: 4

Ingrediente:
- 4 sfeclă, curățată și tăiată felii
- 2 linguri de ulei de măsline
- 2 catei de usturoi, tocati
- Un praf de piper negru
- ¼ cană pătrunjel tocat
- ¼ cana nuci tocate

Adrese:
1. Aruncați sfecla cu ulei și ingredientele rămase într-o tavă de copt, amestecați până la acoperire, coaceți la 420 ° F, coaceți timp de 30 de minute, împărțiți în farfurii și serviți ca garnitură.

Nutriție: calorii 156, grăsimi 11,8, fibre 2,7, carbohidrați 11,5, proteine 3,8

varză cu mărar

Timp de preparare: 10 minute.
Timp de preparare: 15 minute.
Porții: 4

Ingrediente:
- 1 kg de varză verde, mărunțită
- 1 ceapa galbena tocata
- 1 rosie tocata
- 1 lingură mărar tocat
- Un praf de piper negru
- 1 lingura ulei de masline

Adrese:
1. Se incinge o tigaie cu ulei la foc mediu, se adauga ceapa si se caleste 5 minute.
2. Adăugați varza și alte ingrediente, amestecați, gătiți la foc mediu timp de 10 minute, împărțiți în farfurii și serviți.

Nutriție: calorii 74, grăsimi 3,7, fibre 3,7, carbohidrați 10,2, proteine 2,1

Salata de varza si morcovi

Timp de preparare: 5 minute.
Timp de preparare: 0 minute.
Porții: 4

Ingrediente:
- 2 salote tocate
- 2 morcovi rasi
- 1 varză mov mare, tocată
- 1 lingura ulei de masline
- 1 lingura otet rosu
- Un praf de piper negru
- 1 lingura suc de lamaie

Adrese:
1. Amesteca varza cu salota si restul ingredientelor intr-un bol, amesteca si serveste ca garnitura.

Nutriție: Calorii 106, grăsimi 3,8, fibre 6,5, carbohidrați 18, proteine 3,3

Sos de rosii si masline

Timp de preparare: 10 minute.
Timp de preparare: 0 minute.
Porții: 6

Ingrediente:
- 1 kilogram de roșii cherry, tăiate la jumătate
- 2 linguri de ulei de măsline
- 1 cană măsline kalamata, fără sâmburi și tăiate la jumătate
- Un praf de piper negru
- 1 ceapa rosie feliata
- 1 lingura otet balsamic
- ¼ cană coriandru tocat

Adrese:
1. Se amestecă roșiile cu măslinele și alte ingrediente într-un bol, se amestecă și se servesc ca garnitură.

Nutriție: calorii 131, grăsimi 10,9, fibre 3,1, carbohidrați 9,2, proteine 1,6

Salata de dovlecel

Timp de preparare: 4 minute.
Timp de preparare: 0 minute.
Porții: 4

Ingrediente:
- 2 dovlecei, spiralați
- 1 ceapa rosie feliata
- 1 lingura pesto de busuioc
- 1 lingura suc de lamaie
- 1 lingura ulei de masline
- ½ cană coriandru tocat
- piper negru după gust

Adrese:
1. Combinați dovlecelul cu ceapa și alte ingrediente într-un bol de salată, amestecați și serviți.

Nutriție: Calorii 58, grăsimi 3,8, fibre 1,8, carbohidrați 6, proteine 1,6

Salata de morcovi cu curry

Timp de preparare: 4 minute.
Timp de preparare: 0 minute.
Porții: 4

Ingrediente:
- 1 kg morcovi, decojiti si rasi
- 2 linguri ulei de avocado
- 2 linguri suc de lamaie
- 3 linguri de susan
- ½ linguriță pudră de curry
- 1 lingurita rozmarin uscat
- ½ linguriță de chimen măcinat

Adrese:
1. Se amestecă morcovii cu ulei, sucul de lămâie și alte ingrediente într-un bol, se amestecă și se servesc rece ca garnitură.

Nutriție: Calorii 99, grăsimi 4,4, fibre 4,2, carbohidrați 13,7, proteine 2,4

salata verde si sfecla rosie

Timp de preparare: 5 minute.
Timp de preparare: 0 minute.
Porții: 4

Ingrediente:
- 1 lingura de ghimbir ras
- 2 catei de usturoi, tocati
- 4 cani de salata romana tocata
- 1 sfeclă roșie, curățată și rasă
- 2 cepe verde tocate
- 1 lingura otet balsamic
- 1 lingura de susan

Adrese:
1. Într-un castron, amestecați salata cu ghimbirul, usturoiul și restul ingredientelor, amestecați și serviți ca garnitură.

Nutriție: calorii 42, grăsimi 1,4, fibre 1,5, carbohidrați 6,7, proteine 1,4

ridichi cu legume

Timp de preparare: 5 minute.
Timp de preparare: 0 minute.
Porții: 4

Ingrediente:
- 1 kg ridichi roșii, tăiate cubulețe
- 1 lingura arpagic tocat
- 1 lingura patrunjel tocat
- 1 lingura oregano macinat
- 2 linguri de ulei de măsline
- 1 lingura suc de lamaie
- piper negru după gust

Adrese:
1. Amestecă ridichea cu arpagicul și alte ingrediente într-un bol de salată, amestecă și servește.

Nutriție: Calorii 85, grăsimi 7,3, fibre 2,4, carbohidrați 5,6, proteină 1

Amestec de fenicul prăjit

Timp de preparare: 5 minute.
Timp de preparare: 20 de minute.
Porții: 4

Ingrediente:
- 2 bulbi de fenicul, tocati
- 1 lingurita boia dulce
- 1 ceapa rosie mica, taiata felii
- 2 linguri de ulei de măsline
- 2 linguri suc de lamaie
- 2 linguri de marar tocat
- piper negru după gust

Adrese:
1. Combinați feniculul cu ardeiul gras și ingredientele rămase în tigaie, amestecați și prăjiți la 380 ° F timp de 20 de minute.
2. Împărțiți amestecul în farfurii și serviți.

Nutriție: calorii 114, grăsimi 7,4, fibre 4,5, carbohidrați 13,2, proteine 2,1

ardei copt

Timp de preparare: 10 minute.
Timp de preparare: 30 minute.
Porții: 4

Ingrediente:
- 1 kilogram de ardei gras amestecați, tăiați în felii
- 1 ceapa rosie, tocata marunt
- 2 linguri de ulei de măsline
- piper negru după gust
- 1 lingura oregano macinat
- 2 linguri frunze de menta macinate

Adrese:
1. Într-o tigaie, combinați ardeii cu ceapa și alte ingrediente, amestecați și prăjiți la 380°F timp de 30 de minute.
2. Împărțiți amestecul în farfurii și serviți.

Nutriție: Calorii 240, grăsimi 8,2, fibre 4,2, carbohidrați 11,3, proteine 5,6

Curmale înăbușite și varză

Timp de preparare: 5 minute.
Timp de preparare: 15 minute.
Porții: 4

Ingrediente:
- 1 kg de varză roșie, mărunțită
- 8 curmale, fără sâmburi și feliate
- 2 linguri de ulei de măsline
- ¼ cană bulion de legume cu conținut scăzut de sodiu
- 2 linguri de arpagic tocat
- 2 linguri suc de lamaie
- piper negru după gust

Adrese:
1. Se incinge o tigaie cu ulei la foc mediu, se adauga varza si curmalele, se amesteca si se fierbe 4 minute.
2. Se adauga bulionul si restul ingredientelor, se amesteca, se fierbe la foc mediu inca 11 minute, se imparte in farfurii si se serveste.

Nutriție: Calorii 280, grăsimi 8,1, fibre 4,1, carbohidrați 8,7, proteine 6,3

amestec de fasole neagră

Timp de preparare: 4 minute.
Timp de preparare: 0 minute.
Porții: 4

Ingrediente:
- Scurgeți și clătiți 3 căni de fasole neagră conservată fără a adăuga sare
- 1 cană de roșii cherry, tăiate la jumătate
- 2 salote tocate
- 3 linguri ulei de masline
- 1 lingura otet balsamic
- piper negru după gust
- 1 lingura arpagic tocat

Adrese:
1. Combinați fasolea cu roșiile și alte ingrediente într-un bol, amestecați și serviți rece ca garnitură.

Nutriție: Calorii 310, grăsimi 11,0, fibre 5,3, carbohidrați 19,6, proteine 6,8

Un amestec de măsline și andive

Timp de preparare: 4 minute.
Timp de preparare: 0 minute.
Porții: 4

Ingrediente:
- 2 arpagic tocat
- 2 andive ras
- 1 cană măsline negre, fără sâmburi și tăiate felii
- ½ cană măsline kalamata, fără sâmburi și feliate
- ¼ cană oțet de mere
- 2 linguri de ulei de măsline
- 1 lingura coriandru tocat

Adrese:
1. Amestecă andivele cu măslinele și alte ingrediente într-un bol, amestecă și servește.

Nutriție: Calorii 230, grăsimi 9,1, fibre 6,3, carbohidrați 14,6, proteine 7,2

Salată de roșii și castraveți

Timp de preparare: 5 minute.
Timp de preparare: 0 minute.
Porții: 4

Ingrediente:
- ½ kg de roșii, tăiate cubulețe
- 2 castraveți, feliați
- 1 lingura ulei de masline
- 2 arpagic tocat
- piper negru după gust
- Suc de 1 lime
- ½ cană busuioc tocat

Adrese:
1. Combinati rosiile cu castravetele si alte ingrediente intr-un bol de salata, amestecati si serviti rece.

Nutriție: calorii 224, grăsimi 11,2, fibre 5,1, carbohidrați 8,9, proteine 6,2

Salata de morcovi si ardei

Timp de preparare: 5 minute.
Timp de preparare: 0 minute.
Porții: 4

Ingrediente:
- 1 cană de roșii cherry, tăiate la jumătate
- 1 ardei gras galben tocat
- 1 ardei gras rosu tocat
- 1 ardei verde tocat
- ½ kg morcovi, rasi
- 3 linguri de otet de vin rosu
- 2 linguri de ulei de măsline
- 1 lingura coriandru tocat
- piper negru după gust

Adrese:
1. Într-un bol de salată, amestecați roșiile cu ardeii, morcovii și restul ingredientelor, amestecați și serviți ca garnitură.

Nutriție: Calorii 123, grăsimi 4, fibre 8,4, carbohidrați 14,4, proteine 1,1

Un amestec de fasole neagră și orez.

Timp de preparare: 10 minute.
Timp de preparare: 30 minute.
Porții: 4

Ingrediente:
- 2 linguri de ulei de măsline
- 1 ceapa galbena tocata
- 1 cană de fasole neagră conservată, nesărată, scursă și clătită
- 2 căni de orez negru
- 4 căni de supă de pui cu conținut scăzut de sodiu
- 2 linguri de cimbru tocat
- ½ coajă de lămâie rasă
- Un praf de piper negru

Adrese:
1. Se incinge o tigaie cu ulei la foc mediu mare, se adauga ceapa, se amesteca si se caleste 4 minute.
2. Adăugați fasolea, orezul și alte ingrediente, amestecați, aduceți la fierbere și gătiți la foc mediu timp de 25 de minute.
3. Se amestecă amestecul, se împarte în farfurii și se servește.

Nutriție: Calorii 290, grăsimi 15,3, fibre 6,2, carbohidrați 14,6, proteine 8

Mix de orez cu conopida

Timp de preparare: 10 minute.
Timp de gătire: 25 minute.
Porții: 4

Ingrediente:
- 1 cană buchetele de conopidă
- 1 cană de orez alb
- 2 căni de bulion de pui cu conținut scăzut de sodiu
- 1 lingura ulei de avocado
- 2 salote tocate
- ¼ cană afine
- ½ cană migdale feliate

Adrese:
1. Se încălzește o tigaie cu ulei la foc mediu, se adaugă șalota, se amestecă și se prăjește timp de 5 minute.
2. Adăugați conopida, orezul și alte ingrediente, amestecați, aduceți la fierbere și gătiți la foc mediu timp de 20 de minute.
3. Împărțiți amestecul în farfurii și serviți.

Nutriție: Calorii 290, grăsimi 15,1, fibre 5,6, carbohidrați 7, proteine 4,5

Mix de fasole balsamic

Timp de preparare: 10 minute.
Timp de preparare: 0 minute.
Porții: 4

Ingrediente:
- Scurgeți și clătiți 2 căni de fasole neagră conservată fără a adăuga sare
- Scurgeți și clătiți 2 căni de fasole albă conservată fără a adăuga sare
- 2 linguri de otet balsamic
- 2 linguri de ulei de măsline
- 1 lingurita oregano uscat
- 1 lingurita busuioc uscat
- 1 lingura arpagic tocat

Adrese:
1. Combinați fasolea cu oțetul și celelalte ingrediente într-un bol de salată, amestecați și serviți ca salată.

Nutriție: Calorii 322, grăsimi 15,1, fibre 10, carbohidrați 22,0, proteine 7

sfeclă roșie cremoasă

Timp de preparare: 5 minute.
Timp de preparare: 20 de minute.
Porții: 4

Ingrediente:
- 1 kg de sfeclă, curățată și tăiată cubulețe
- 1 ceapa rosie feliata
- 1 lingura ulei de masline
- ½ cană cremă de cocos
- 4 linguri de iaurt cu conținut scăzut de grăsimi
- 1 lingura arpagic tocat

Adrese:
1. Se incinge o tigaie cu ulei la foc mediu, se adauga ceapa, se amesteca si se caleste 4 minute.
2. Adăugați sfecla, smântână și alte ingrediente, amestecați, gătiți la foc mediu încă 15 minute, împărțiți în farfurii și serviți.

Nutriție: Calorii 250, grăsimi 13,4, fibre 3, carbohidrați 13,3, proteine 6,4

Amestecul de avocado și boia

Timp de preparare: 10 minute.
Timp de gătire: 14 minute.
Porții: 4

Ingrediente:
- 1 lingura ulei de avocado
- 1 lingurita boia dulce
- 1 kilogram de ardei gras amestecati, taiati fasii
- 1 avocado, decojit, fără sâmburi și tăiat la jumătate
- 1 lingurita praf de usturoi
- 1 lingurita rozmarin uscat
- ½ cană bulion de legume cu conținut scăzut de sodiu
- piper negru după gust

Adrese:
1. Se incinge o tigaie cu ulei la foc mediu, se adauga toti ardeii, se amesteca si se prajesc 5 minute.
2. Adăugați ingredientele rămase, amestecați, gătiți încă 9 minute la foc mediu, împărțiți în farfurii și serviți.

Nutriție: Calorii 245, grăsimi 13,8, fibre 5, carbohidrați 22,5, proteine 5,4

Cartofi dulci și sfeclă copți

Timp de preparare: 10 minute.
Timp de gătire: 1 oră.
Porții: 4

Ingrediente:
- 3 linguri ulei de masline
- 2 cartofi dulci, curatati de coaja si taiati felii
- 2 sfecle, curatate de coaja si taiate felii
- 1 lingura oregano macinat
- 1 lingura suc de lamaie
- piper negru după gust

Adrese:
1. Aranjați cartofii dulci și sfecla pe o foaie de copt tapetată, adăugați ingredientele rămase, amestecați, puneți la cuptor și coaceți la 375 ° F timp de 1 oră.
2. Împărțiți în farfurii și serviți ca garnitură.

Nutriție: Calorii 240, grăsimi 11,2, fibre 4, carbohidrați 8,6, proteine 12,1

varză fiertă

Timp de preparare: 10 minute.
Timp de preparare: 15 minute.
Porții: 4

Ingrediente:
- 2 linguri de ulei de măsline
- 3 linguri de aminoacizi de cocos
- 1 kilogram de varză, ruptă
- 1 ceapa rosie feliata
- 2 catei de usturoi, tocati
- 1 lingura suc de lamaie
- 1 lingura coriandru tocat

Adrese:
1. Se incinge o tigaie cu ulei de masline la foc mediu, se adauga ceapa si usturoiul si se calesc 5 minute.
2. Adăugați kale și ingredientele rămase, amestecați, gătiți la foc mediu timp de 10 minute, împărțiți în farfurii și serviți.

Nutriție: Calorii 200, grăsimi 7,1, fibre 2, carbohidrați 6,4, proteine 6

morcovi condimentati

Timp de preparare: 10 minute.
Timp de preparare: 20 de minute.
Porții: 4

Ingrediente:
- 1 lingura suc de lamaie
- 1 lingura ulei de masline
- ½ linguriță de ienibahar, măcinat
- ½ linguriță de chimen măcinat
- ½ lingurita de nucsoara macinata
- 1 kilogram de morcovi pui, tocați
- 1 lingura rozmarin tocat
- piper negru după gust

Adrese:
1. Într-o tigaie, combinați morcovii cu sucul de lămâie, uleiul și ingredientele rămase, amestecați, puneți la cuptor și prăjiți la 400 ° F timp de 20 de minute.
2. Împărțiți în farfurii și serviți.

Nutriție: calorii 260, grăsimi 11,2, fibre 4,5, carbohidrați 8,3, proteine 4,3

anghinare cu lamaie

Timp de preparare: 10 minute.
Timp de preparare: 20 de minute.
Porții: 4

Ingrediente:
- 2 linguri suc de lamaie
- 4 anghinare, taiate si injumatati
- 1 lingură mărar tocat
- 2 linguri de ulei de măsline
- Un praf de piper negru

Adrese:
1. Aruncați anghinarea cu suc de lămâie și alte ingrediente într-o tigaie de prăjire, amestecați ușor și prăjiți la 400 ° F timp de 20 de minute, împărțiți-le în farfurii și serviți.

Nutriție: Calorii 140, grăsimi 7,3, fibre 8,9, carbohidrați 17,7, proteine 5,5

broccoli, fasole și orez

Timp de preparare: 10 minute.
Timp de preparare: 30 minute.
Porții: 4

Ingrediente:
- 1 cana buchetele de broccoli, tocate
- 1 cana fasole neagra conservata, nesarata, scursa
- 1 cană de orez alb
- 2 căni de bulion de pui cu conținut scăzut de sodiu
- 2 lingurite de boia dulce
- piper negru după gust

Adrese:
1. Se pune bulionul într-o oală, se încălzește la foc mediu, se adaugă orezul și alte ingrediente, se amestecă, se aduce la fierbere și se fierbe timp de 30 de minute, amestecând din când în când.
2. Împărțiți amestecul în farfurii și serviți ca garnitură.

Nutriție: Calorii 347, grăsimi 1,2, fibre 9, carbohidrați 69,3, proteine 15,1

Amestec de dovlecei prăjiți

Timp de preparare: 10 minute.
Timp de preparare: 45 minute.
Porții: 4

Ingrediente:
- 2 linguri de ulei de măsline
- 2 kilograme de dovleac, decojiți și tăiați în felii
- 1 lingura suc de lamaie
- 1 lingurita pudra de chili
- 1 lingurita praf de usturoi
- 2 lingurite coriandru tocat
- Un praf de piper negru

adrese
1. Combinați dovleceii cu ulei și ingredientele rămase într-o tavă, amestecați ușor, coaceți la cuptor la 400 ° F timp de 45 de minute, împărțiți-le în farfurii și serviți ca garnitură.

Nutriție: Calorii 167, grăsimi 7,4, fibre 4,9, carbohidrați 27,5, proteine 2,5

sparanghel cremat

Timp de preparare: 5 minute.
Timp de preparare: 20 de minute.
Porții: 4

Ingrediente:
- ½ lingurita de nucsoara macinata
- 1 kilogram de sparanghel, tăiat și înjumătățit
- 1 cana crema de cocos
- 1 ceapa galbena tocata
- 2 linguri de ulei de măsline
- 1 lingura suc de lamaie
- 1 lingura coriandru tocat

Adrese:
1. Se incinge o tigaie cu ulei la foc mediu, se adauga ceapa si nucsoara, se amesteca si se calesc 5 minute.
2. Se adauga sparanghelul si restul ingredientelor, se amesteca, se aduce la fierbere si se fierbe la foc mediu 15 minute.
3. Împărțiți în farfurii și serviți.

Nutriție: Calorii 236, grăsimi 21,6, fibre 4,4, carbohidrați 11,4, proteine 4,2

Amestecul de napi și busuioc

Timp de preparare: 10 minute.
Timp de preparare: 15 minute.
Porții: 4

Ingrediente:
- 1 lingura ulei de avocado
- 4 napi feliați
- ¼ cană busuioc tocat
- piper negru după gust
- ¼ cană bulion de legume cu conținut scăzut de sodiu
- ½ ceasca de nuci tocate
- 2 catei de usturoi, tocati

Adrese:
1. Se incinge o tigaie cu ulei la foc mediu mare, se adauga usturoiul si napii si se prajesc 5 minute.
2. Adăugați restul ingredientelor, amestecați, gătiți încă 10 minute, împărțiți în farfurii și serviți.

Nutriție: Calorii 140, grăsimi 9,7, fibre 3,3, carbohidrați 10,5, proteine 5

Un amestec de orez și capere.

Timp de preparare: 10 minute.
Timp de preparare: 20 de minute.
Porții: 4

Ingrediente:
- 1 cană de orez alb
- 1 lingura capere tocate
- 2 căni de bulion de pui cu conținut scăzut de sodiu
- 1 ceapa rosie feliata
- 1 lingura ulei de avocado
- 1 lingura coriandru tocat
- 1 lingurita boia dulce

Adrese:
1. Se incinge o tigaie cu ulei la foc mediu mare, se adauga ceapa, se amesteca si se caleste 5 minute.
2. Adăugați orezul, caperele și alte ingrediente, amestecați, aduceți la fierbere și gătiți timp de 15 minute.
3. Împărțiți amestecul în farfurii și serviți ca garnitură.

Nutriție: calorii 189, grăsimi 0,9, fibre 1,6, carbohidrați 40,2, proteine 4,3

Un amestec de spanac și varză.

Timp de preparare: 5 minute.
Timp de preparare: 15 minute.
Porții: 4

Ingrediente:
- 2 căni de baby spanac
- 5 căni de varză, mărunțită
- 2 salote tocate
- 2 catei de usturoi, tocati
- 1 cana rosii conservate, fara sare adaugata, tocate
- 1 lingura ulei de masline

Adrese:
1. Se încălzește o tigaie cu ulei la foc mediu mare, se adaugă eșalota, se amestecă și se prăjește timp de 5 minute.
2. Adăugați spanacul, kale și ingredientele rămase, amestecați, gătiți încă 10 minute, împărțiți-le în farfurii și serviți ca garnitură.

Nutriție: Calorii 89, grăsimi 3,7, fibre 2,2, carbohidrați 12,4, proteine 3,6

Broccoli de curcan și chimen

Timp de preparare: 10 minute.
Timp de preparare: 30 minute.
Porții: 4

Ingrediente:
- 1 ceapa rosie feliata
- 1 kilogram de piept de curcan, fără piele, dezosat și tăiat cubulețe
- 2 căni de buchețele de broccoli
- 1 lingurita de chimion, macinat
- 3 catei de usturoi, tocati
- 2 linguri de ulei de măsline
- 14 uncii de lapte de cocos
- Un praf de piper negru
- ¼ cană coriandru tocat

Adrese:
1. Se incinge o oala cu ulei la foc mediu, se adauga ceapa si usturoiul, se amesteca si se calesc 5 minute.
2. Adăugați curcanul, amestecați și gătiți timp de 5 minute.
3. Adăugați broccoli și alte ingrediente, aduceți la fiert la foc mediu și gătiți timp de 20 de minute.
4. Împărțiți amestecul în farfurii și serviți.

Nutriție: Calorii 438, grăsimi 32,9, fibre 4,7, carbohidrați 16,8, proteine 23,5

cuişoare de pui

Timp de preparare: 10 minute.
Timp de preparare: 30 minute.
Porții: 4

Ingrediente:
- 1 kilogram de piept de pui dezosat, tăiat cubulețe, fără piele
- 1 cană bulion de pui cu conținut scăzut de sodiu
- 1 lingura ulei de avocado
- 2 lingurițe de cuișoare măcinate
- 1 ceapa galbena tocata
- 2 lingurite de boia dulce
- 3 roșii, tăiate cubulețe
- Un praf de sare si piper negru.
- ½ cana patrunjel tocat

Adrese:
1. Se incinge o tigaie cu ulei la foc mediu, se adauga ceapa si se caleste 5 minute.
2. Adăugați puiul și gătiți încă 5 minute.
3. Adăugați bulionul și restul ingredientelor, aduceți la fiert și fierbeți la foc mediu încă 20 de minute.
4. Împărțiți amestecul în farfurii și serviți.

Nutriție: Calorii 324, grăsimi 12,3, fibre 5, carbohidrați 33,10, proteine 22,4

Pui cu anghinare ghimbir

Timp de preparare: 10 minute.
Timp de preparare: 30 minute.
Porții: 4

Ingrediente:
- 2 piepti de pui fara piele, dezosati si taiati la jumatate
- 1 lingura de ghimbir ras
- 1 cana rosii conservate, fara sare adaugata, tocate
- 10 uncii de anghinare conservate, fără sare adăugată, scurse și tăiate în sferturi
- 2 linguri suc de lamaie
- 2 linguri de ulei de măsline
- Un praf de piper negru

Adrese:
1. Se incinge o tigaie cu ulei la foc mediu, se adauga ghimbirul si anghinarea, se amesteca si se fierbe 5 minute.
2. Adăugați puiul și gătiți încă 5 minute.
3. Adăugați restul ingredientelor, aduceți la fierbere și gătiți încă 20 de minute.
4. Împărțiți totul în farfurii și serviți.

Nutriție: calorii 300, grăsimi 14,5, fibre 5,3, carbohidrați 16,4, proteine 15,1

amestec de ardei de curcan

Timp de preparare: 10 minute.
Timp de preparare: 30 minute.
Porții: 4

Ingrediente:
- ½ lingură boabe de piper negru
- 1 lingura ulei de masline
- 1 kilogram de piept de curcan, fără piele, dezosat și tăiat cubulețe
- 1 cană bulion de pui cu conținut scăzut de sodiu
- 3 catei de usturoi, tocati
- 2 roșii, tăiate cubulețe
- Un praf de piper negru
- 2 linguri de arpagic tocat

Adrese:
1. Se incinge o tigaie cu ulei la foc mediu, se adauga usturoiul si curcanul si se rumenesc 5 minute.
2. Adăugați boabele de piper și restul ingredientelor, aduceți la fierbere și gătiți la foc mediu timp de 25 de minute.
3. Împărțiți amestecul în farfurii și serviți.

Nutriție: Calorii 313, grăsimi 13,3, fibre 7, carbohidrați 23,4, proteine 16

Pulpe de pui si legume rozmarin

Timp de preparare: 10 minute.
Timp de preparare: 40 de minute.
Porții: 4

Ingrediente:
- 2 kg piept de pui dezosat, fără piele, tăiat cubulețe
- 1 morcov cubulete
- 1 tulpină de țelină tocată
- 1 rosie tocata
- 2 cepe roșii mici, tăiate felii
- 1 dovlecel tăiat cubulețe
- 2 catei de usturoi, tocati
- 1 lingura rozmarin tocat
- 2 linguri de ulei de măsline
- piper negru după gust
- ½ cană bulion de legume cu conținut scăzut de sodiu

Adrese:
1. Se incinge o tigaie cu ulei la foc mediu, se adauga ceapa si usturoiul, se amesteca si se calesc 5 minute.
2. Adăugați puiul, amestecați și gătiți încă 5 minute.
3. Adăugați morcovul și restul ingredientelor, amestecați, aduceți la fierbere și fierbeți la foc mediu timp de 30 de minute.
4. Împărțiți amestecul în farfurii și serviți.

Nutriție: Calorii 325, grăsimi 22,5, fibre 6,1, carbohidrați 15,5, proteine 33,2

Pui cu morcovi și varză

Timp de preparare: 10 minute.
Timp de gătire: 25 minute.
Porții: 4

Ingrediente:
- 1 kilogram de piept de pui dezosat, tăiat cubulețe, fără piele
- 2 linguri de ulei de măsline
- 2 morcovi, curatati si rasi
- 1 lingurita boia dulce
- ½ cană bulion de legume cu conținut scăzut de sodiu
- 1 varză mov, tocată
- 1 ceapa galbena tocata
- piper negru după gust

Adrese:
1. Se incinge o tigaie cu ulei la foc mediu, se adauga ceapa, se amesteca si se caleste 5 minute.
2. Adăugați carnea și prăjiți-o încă 5 minute.
3. Adăugați morcovi și alte ingrediente, amestecați, aduceți la fierbere și gătiți la foc mediu timp de 15 minute.
4. Împărțiți totul în farfurii și serviți.

Nutriție: Calorii 370, grăsimi 22,2, fibre 5,2, carbohidrați 44,2, proteine 24,2

Sandwich cu vinete și curcan

Timp de preparare: 10 minute.
Timp de gătire: 25 minute.
Porții: 4

Ingrediente:
- 1 piept de curcan dezosat, fara piele, taiat in 4 bucati
- 1 vinete, taiata in 4 felii
- piper negru după gust
- 1 lingura ulei de masline
- 1 lingura oregano macinat
- ½ cană sos de roșii cu conținut scăzut de sodiu
- ½ cană de brânză cheddar mărunțită, cu conținut scăzut de grăsimi
- 4 felii de pâine integrală

Adrese:
1. Încălziți grătarul la mediu mare, adăugați felii de curcan, turnați jumătate din ulei, stropiți cu piper negru, gătiți 8 minute pe fiecare parte și transferați pe o farfurie.
2. Se aseaza feliile de vinete pe un gratar incins, se stropesc cu uleiul ramas, se presara si piper negru, se prajesc 4 minute pe fiecare parte si se transfera pe o farfurie cu feliile de curcan.
3. Așezați 2 felii de pâine pe suprafața de lucru, împărțiți brânza între fiecare, împărțiți feliile de vinete și de curcan, stropiți cu oregano, turnați sosul deasupra și așezați celelalte 2 felii de pâine.
4. Împărțiți sandvișurile în farfurii și serviți.

Nutriție: Calorii 280, grăsimi 12,2, fibre 6, carbohidrați 14, proteine 12

Omlete simple de curcan și dovlecei

Timp de preparare: 10 minute.
Timp de preparare: 20 de minute.
Porții: 4

Ingrediente:
- 4 tortilla din grau integral
- ½ cană iaurt fără grăsimi
- 1 kg piept de curcan, fără piele, dezosat și tăiat fâșii
- 1 lingura ulei de masline
- 1 ceapa rosie feliata
- 1 dovlecel tăiat cubulețe
- 2 roșii, tăiate cubulețe
- piper negru după gust

Adrese:
1. Se incinge o tigaie cu ulei la foc mediu, se adauga ceapa, se amesteca si se caleste 5 minute.
2. Adăugați dovlecelul și roșiile, amestecați și gătiți încă 2 minute.
3. Adăugați curcanul, amestecați și gătiți încă 13 minute.
4. Întindeți iaurt pe fiecare tortilla, adăugați amestecul de curcan și dovlecel împărțit, rulați, împărțiți în farfurii și serviți.

Nutriție: calorii 290, grăsimi 13,4, fibre 3,42, carbohidrați 12,5, proteine 6,9

Caserolă de pui cu ardei și vinete

Timp de preparare: 10 minute.
Timp de gătire: 25 minute.
Porții: 4

Ingrediente:
- 2 piept de pui dezosati, taiati cuburi, fara piele
- 1 ceapa rosie feliata
- 2 linguri de ulei de măsline
- 1 vinete taiata cubulete
- 1 ardei gras rosu, taiat cubulete
- 1 ardei gras galben, taiat cubulete
- piper negru după gust
- 2 căni de lapte de cocos

Adrese:
4. Se încălzește o tigaie cu ulei la foc mediu mare, se adaugă ceapa, se amestecă și se fierbe timp de 3 minute.
5. Adăugați boia de ardei, amestecați și gătiți încă 2 minute.
6. Adăugați puiul și alte ingrediente, amestecați, aduceți la fierbere și gătiți la foc mediu încă 20 de minute.
7. Împărțiți totul în farfurii și serviți.

Nutriție: calorii 310, grăsimi 14,7, fibre 4, carbohidrați 14,5, proteine 12,6

curcan fript balsamic

Timp de preparare: 10 minute.
Timp de preparare: 40 de minute.
Porții: 4

Ingrediente:
- 1 piept mare de curcan, fara piele, dezosat si feliat
- 2 linguri de otet balsamic
- 1 lingura ulei de masline
- 2 catei de usturoi, tocati
- 1 lingura condimente italiene
- piper negru după gust
- 1 lingura coriandru tocat

Adrese:
1. Într-un vas rezistent la cuptor, combinați curcanul cu oțetul, uleiul și ingredientele rămase, amestecați, puneți la cuptor la 400°F și prăjiți timp de 40 de minute.
2. Împărțiți totul în farfurii și serviți cu salată.

Nutriție: Calorii 280, grăsimi 12,7, fibre 3, carbohidrați 22,1, proteine 14

Blend de brânză Cheddar de curcan

Timp de preparare: 10 minute.
Timp de gătire: 1 oră.
Porții: 4

Ingrediente:
- 1 kg piept de curcan, fără piele, dezosat și feliat
- 2 linguri de ulei de măsline
- 1 cana rosii conservate, fara sare adaugata, tocate
- piper negru după gust
- 1 cană de brânză cheddar cu conținut scăzut de grăsimi, rasă
- 2 linguri patrunjel tocat

Adrese:
1. Ungeți o tavă de copt cu ulei, puneți felii de curcan în tavă, întindeți roșii deasupra, presărați piper negru, presărați brânză și pătrunjel, puneți la cuptor la 400°F și coaceți timp de 1 oră.
2. Împărțiți totul în farfurii și serviți.

Nutriție: Calorii 350, grăsimi 13,1, fibre 4, carbohidrați 32,4, proteine 14,65

parmezan de curcan

Timp de preparare: 10 minute.
Timp de gătire: 23 minute.
Porții: 4

Ingrediente:
- 1 kilogram de piept de curcan, fără piele, dezosat și tăiat cubulețe
- 1 lingura ulei de masline
- ½ cană de brânză parmezan cu conținut scăzut de grăsimi ras
- 2 salote tocate
- 1 cană lapte de cocos
- piper negru după gust

Adrese:
1. Se încălzește o tigaie cu ulei la foc mediu mare, se adaugă eșalota, se amestecă și se fierbe timp de 5 minute.
2. Adăugați carnea, laptele de cocos și piperul negru, amestecați și gătiți la foc mediu încă 15 minute.
3. Adăugați parmezan, gătiți timp de 2-3 minute, împărțiți în farfurii și serviți.

Nutriție: Calorii 320, grăsimi 11,4, fibre 3,5, carbohidrați 14,3, proteine 11,3

Mix cremos de pui și creveți

Timp de preparare: 10 minute.
Timp de gătire: 14 minute.
Porții: 4

Ingrediente:
- 1 lingura ulei de masline
- 1 kilogram de piept de pui dezosat, tăiat cubulețe, fără piele
- ¼ cană supă de pui cu conținut scăzut de sodiu
- 1 kilogram de creveți, decojiți și devenați
- ½ cană cremă de cocos
- 1 lingura coriandru tocat

Adrese:
1. Se incinge o tigaie cu ulei la foc mediu, se adauga puiul, se amesteca si se fierbe 8 minute.
2. Adăugați creveții și alte ingrediente, amestecați, fierbeți încă 6 minute, împărțiți în boluri și serviți.

Nutriție: Calorii 370, grăsimi 12,3, fibre 5,2, carbohidrați 12,6, proteine 8

Curcan amestecat cu busuioc și sparanghel picant

Timp de preparare: 10 minute.
Timp de preparare: 40 de minute.
Porții: 4

Ingrediente:
- 1 kg piept de curcan, fără piele și tăiat fâșii
- 1 cana crema de cocos
- 1 cană bulion de pui cu conținut scăzut de sodiu
- 2 linguri patrunjel tocat
- 1 buchet de sparanghel, tăiat și tăiat la jumătate
- 1 lingurita pudra de chili
- 2 linguri de ulei de măsline
- Un praf de sare de mare si piper negru.

Adrese:
1. Se incinge o tigaie cu ulei la foc mediu mare, se adauga carnea de curcan si putin piper negru, se amesteca si se fierbe 5 minute.
2. Adăugați sparanghelul, pudra de chili și alte ingrediente, amestecați, aduceți la fierbere și gătiți la foc mediu încă 30 de minute.
3. Împărțiți totul în farfurii și serviți.

Nutriție: Calorii 290, grăsimi 12,10, fibre 4,6, carbohidrați 12,7, proteine 24

Mix de caju de curcan

Timp de preparare: 10 minute.
Timp de preparare: 40 de minute.
Porții: 4

Ingrediente:
- 1 kilogram de piept de curcan, fără piele, dezosat și tăiat cubulețe
- 1 cană caju tocate
- 1 ceapa galbena tocata
- ½ lingură ulei de măsline
- piper negru după gust
- ½ lingurita boia dulce
- 2 și ½ linguri de unt de caju
- ¼ cană supă de pui cu conținut scăzut de sodiu
- 1 lingura coriandru tocat

Adrese:
1. Se incinge o tigaie cu ulei la foc mediu mare, se adauga ceapa, se amesteca si se caleste 5 minute.
2. Adăugați carnea și prăjiți-o încă 5 minute.
3. Adăugați restul ingredientelor, amestecați, aduceți la fierbere și fierbeți la foc mediu timp de 30 de minute.
4. Împărțiți întregul amestec în farfurii și serviți.

Nutriție: calorii 352, grăsimi 12,7, fibre 6,2, carbohidrați 33,2, proteine 13,5

curcan și fructe de pădure

Timp de preparare: 10 minute.
Timp de gătire: 35 minute.
Porții: 4

Ingrediente:
- 2 kg piept de curcan, fără piele, dezosat și tăiat cubulețe
- 1 lingura ulei de masline
- 1 ceapa rosie feliata
- 1 cană afine
- 1 cană bulion de pui cu conținut scăzut de sodiu
- ¼ cană coriandru tocat
- piper negru după gust

Adrese:
1. Se incinge o oala cu ulei la foc mediu, se adauga ceapa, se amesteca și se caleste 5 minute.
2. Adăugați carnea, fructele de pădure și alte ingrediente, aduceți la fierbere și gătiți la foc mediu încă 30 de minute.
3. Împărțiți amestecul în farfurii și serviți.

Nutriție: Calorii 293, grăsimi 7,3, fibre 2,8, carbohidrați 14,7, proteine 39,3

Piept de pui cu cinci condimente

Timp de preparare: 5 minute.
Timp de gătire: 35 minute.
Porții: 4

Ingrediente:
- 1 cana rosii tocate
- 1 lingurita cinci condimente
- 2 jumătăți de piept de pui, fără piele, dezosate și tăiate în jumătate
- 1 lingura ulei de avocado
- 2 linguri de aminoacizi de cocos
- piper negru după gust
- 1 lingura ardei iute
- 1 lingura coriandru tocat

Adrese:
1. Se incinge o tigaie cu ulei la foc mediu, se adauga carnea si se prajeste 2 minute pe fiecare parte.
2. Adăugați roșiile, cinci condimente și alte ingrediente, aduceți la fierbere și gătiți la foc mediu timp de 30 de minute.
3. Împărțiți întregul amestec în farfurii și serviți.

Nutriție: Calorii 244, grăsimi 8,4, fibre 1,1, carbohidrați 4,5, proteine 31

curcan condimentat

Timp de preparare: 10 minute.
Timp de gătire: 17 minute.
Porții: 4

Ingrediente:
- 1 kg piept de curcan, dezosat, fără piele și tăiat cubulețe
- 1 cană verdeață de muștar
- 1 lingurita nucsoara macinata
- 1 lingurita ienibahar, macinata
- 1 ceapa galbena tocata
- piper negru după gust
- 1 lingura ulei de masline

Adrese:
1. Se incinge o tigaie cu ulei la foc mediu mare, se adauga ceapa si carnea si se calesc 5 minute.
2. Se adauga restul ingredientelor, se amesteca, se fierbe la foc mediu inca 12 minute, se imparte in farfurii si se serveste.

Nutriție: Calorii 270, grăsimi 8,4, fibre 8,32, carbohidrați 33,3, proteine 9

Ciuperci cu pui și chili

Timp de preparare: 10 minute.
Timp de preparare: 20 de minute.
Porții: 4

Ingrediente:
- 2 piepti de pui fara piele, dezosati si taiati la jumatate
- ½ kg de ciuperci albe, tăiate la jumătate
- 1 lingura ulei de masline
- 1 cana rosii conservate, fara sare adaugata, tocate
- 2 linguri migdale tocate
- 2 linguri de ulei de măsline
- ½ linguriță fulgi de chili
- piper negru după gust

Adrese:
1. Se incinge o tigaie cu ulei la foc mediu mare, se adauga ciupercile, se amesteca si se prajesc 5 minute.
2. Adăugați carnea, amestecați și gătiți încă 5 minute.
3. Adăugați roșiile și restul ingredientelor, aduceți la fiert și fierbeți la foc mediu timp de 10 minute.
4. Împărțiți amestecul în farfurii și serviți.

Nutriție: Calorii 320, grăsimi 12,2, fibre 5,3, carbohidrați 33,3, proteine 15

Chili Pui Roșii Anghinare

Timp de preparare: 10 minute.
Timp de preparare: 20 de minute.
Porții: 4

Ingrediente:
- 2 ardei iute roșii, feliați
- 1 lingura ulei de masline
- 1 ceapa galbena tocata
- 1 kilogram de piept de pui dezosat, fără piele, tăiat cubulețe
- 1 cana rosii tocate
- 10 uncii inimioare de anghinare conservate, scurse și tăiate în sferturi
- piper negru după gust
- ½ cană supă de pui cu conținut scăzut de sodiu
- 2 linguri suc de lamaie

Adrese:
1. Încinge o tigaie cu ulei la foc mediu, adaugă ceapa și ardei iute, amestecă și prăjește timp de 5 minute.
2. Adăugați carnea, amestecați și prăjiți încă 5 minute.
3. Adăugați restul ingredientelor, aduceți la fiert la foc mediu și gătiți timp de 10 minute.
4. Împărțiți amestecul în farfurii și serviți.

Nutriție: Calorii 280, grăsimi 11,3, fibre 5, carbohidrați 14,5, proteine 13,5

Amestecul de pui și sfeclă roșie

Timp de preparare: 10 minute.
Timp de preparare: 0 minute.
Porții: 4

Ingrediente:
- 1 morcov ras
- 2 sfecla, curatata si rasa
- ½ cană maioneză cu avocado
- 1 cană de piept de pui afumat, fără piele, dezosat, gătit și mărunțit
- 1 lingurita arpagic tocat

Adrese:
1. Combinați puiul cu sfecla și ingredientele rămase într-un bol, amestecați și serviți imediat.

Nutriție: Calorii 288, grăsimi 24,6, fibre 1,4, carbohidrați 6,5, proteine 14

curcan cu salata de telina

Timp de preparare: 4 minute.
Timp de preparare: 0 minute.
Porții: 4

Ingrediente:
- 2 cani de piept de curcan, fara piele, dezosat, fiert si tocat
- 1 cană tulpini de țelină tocate
- 2 arpagic tocat
- 1 cană măsline negre, fără sâmburi și tăiate la jumătate
- 1 lingura ulei de masline
- 1 lingurita suc de lamaie
- 1 cană iaurt cu conținut scăzut de grăsimi

Adrese:
1. Combinați curcanul, țelina și alte ingrediente într-un bol, amestecați și serviți rece.

Nutriție: Calorii 157, grăsimi 8, fibre 2, carbohidrați 10,8, proteine 11,5

Pulpe de pui și amestec de struguri

Timp de preparare: 10 minute.
Timp de preparare: 40 de minute.
Porții: 4

Ingrediente:
- 1 morcov cubulete
- 1 ceapă galbenă, feliată
- 1 lingura ulei de masline
- 1 cană roșii tăiate cubulețe
- ¼ cană supă de pui cu conținut scăzut de sodiu
- 2 catei de usturoi, tocati
- 1 kilogram de pulpe de pui dezosate și fără piele
- 1 cană de struguri verzi
- piper negru după gust

Adrese:
1. Se unge tava cu ulei, se aranjează pulpele de pui înăuntru și se pun restul ingredientelor deasupra.
2. Coaceți 40 de minute la 390 de grade F, împărțiți în farfurii și serviți.

Nutriție: Calorii 289, grăsimi 12,1, fibre 1,7, carbohidrați 10,3, proteine 33,9

Curcan Lămâie Orz

Timp de preparare: 5 minute.
Timp de preparare: 55 minute.
Porții: 4

Ingrediente:
- 1 lingura ulei de masline
- 1 piept de curcan, fara piele, dezosat si feliat
- piper negru după gust
- 2 tulpini de telina, tocate
- 1 ceapa rosie feliata
- 2 căni de bulion de pui cu conținut scăzut de sodiu
- ½ cană de orz
- 1 lingurita coaja de lamaie rasa
- 1 lingura suc de lamaie
- 1 lingura arpagic tocat

Adrese:
1. Se incinge o oala cu ulei la foc mediu mare, se adauga carnea si ceapa, se amesteca si se calesc 5 minute.
2. Adăugați țelina și ingredientele rămase, amestecați, aduceți la fierbere, reduceți focul la mediu, gătiți 50 de minute, împărțiți în boluri și serviți.

Nutriție: Calorii 150, grăsimi 4,5, fibre 4,9, carbohidrați 20,8, proteine 7,5

Curcan cu amestec de sfeclă roșie și ridichi

Timp de preparare: 10 minute.
Timp de gătire: 35 minute.
Porții: 4

Ingrediente:
- 1 piept de curcan, fara piele, dezosat si taiat cubulete
- 2 sfecla rosie, curatata si taiata cubulete
- 1 cană ridichi, tăiate cubulețe
- 1 ceapa rosie feliata
- ¼ cană supă de pui cu conținut scăzut de sodiu
- piper negru după gust
- 1 lingura ulei de masline
- 2 linguri de arpagic tocat

Adrese:
1. Se incinge o tigaie cu ulei la foc mediu mare, se adauga carnea si ceapa, se amesteca si se calesc 5 minute.
2. Adăugați sfecla, ridichile și alte ingrediente, aduceți la fierbere și fierbeți la foc mediu încă 30 de minute.
3. Împărțiți amestecul în farfurii și serviți.

Nutriție: calorii 113, grăsimi 4,4, fibre 2,3, carbohidrați 10,4, proteine 8,8

Amestec de carne de porc cu usturoi

Timp de preparare: 10 minute.
Timp de preparare: 45 minute.
Porții: 8

Ingrediente:
- 2 kg carne de porc, dezosată și tăiată cubulețe
- 1 ceapa rosie feliata
- 1 lingura ulei de masline
- 3 catei de usturoi, tocati
- 1 cană bulion de vită cu conținut scăzut de sodiu
- 2 linguri boia dulce
- piper negru după gust
- 1 lingura arpagic tocat

Adrese:
1. Se incinge o tigaie cu ulei la foc mediu, se adauga ceapa si carnea, se amesteca si se rumenesc 5 minute.
2. Adăugați restul ingredientelor, amestecați, reduceți focul la mediu, acoperiți și gătiți timp de 40 de minute.
3. Împărțiți amestecul în farfurii și serviți.

Nutriție: Calorii 407, grăsimi 35,4, fibre 1, carbohidrați 5, proteine 14,9

Boia de porc cu morcovi

Timp de preparare: 10 minute.
Timp de preparare: 30 minute.
Porții: 4

Ingrediente:
- 1 kg carne de porc fiertă, tăiată cubulețe
- ¼ cană bulion de legume cu conținut scăzut de sodiu
- 2 morcovi, decojiti si feliati
- 2 linguri de ulei de măsline
- 1 ceapa rosie feliata
- 2 lingurite de boia dulce
- piper negru după gust

Adrese:
1. Se incinge o tigaie cu ulei la foc mediu, se adauga ceapa, se amesteca si se caleste 5 minute.
2. Adăugați carnea, amestecați și prăjiți încă 5 minute.
3. Adăugați restul ingredientelor, aduceți la fiert și fierbeți la foc mediu timp de 20 de minute.
4. Împărțiți amestecul în farfurii și serviți.

Nutriție: Calorii 328, grăsimi 18,1, fibre 1,8, carbohidrați 6,4, proteine 34

Carne de porc cu ghimbir si ceapa

Timp de preparare: 10 minute.
Timp de gătire: 35 minute.
Porții: 4

Ingrediente:
- 2 cepe roșii, tăiate felii
- 2 cepe verde tocate
- 1 lingura ulei de masline
- 2 lingurite de ghimbir ras
- 4 cotlete de porc
- 3 catei de usturoi, tocati
- piper negru după gust
- 1 morcov tocat
- 1 cană bulion de vită cu conținut scăzut de sodiu
- 2 linguri pasta de rosii
- 1 lingura coriandru tocat

Adrese:
1. Se incinge o tigaie cu ulei la foc mediu, se adauga ceapa verde si cea rosie, se amesteca si se caleste 3 minute.
2. Adăugați usturoiul și ghimbirul, amestecați și gătiți încă 2 minute.
3. Adăugați cotletele de porc și gătiți timp de 2 minute pe fiecare parte.
4. Adăugați restul ingredientelor, aduceți la fierbere și fierbeți la foc mediu încă 25 de minute.
5. Împărțiți amestecul în farfurii și serviți.

Nutriție: Calorii 332, grăsimi 23,6, fibre 2,3, carbohidrați 10,1, proteine 19,9

carne de porc cu chimen

Timp de preparare: 10 minute.
Timp de preparare: 45 minute.
Porții: 4

Ingrediente:
- ½ cană bulion de vită cu conținut scăzut de sodiu
- 2 linguri de ulei de măsline
- 2 kg carne de porc fiertă, tăiată cubulețe
- 1 lingurita coriandru macinat
- 2 lingurite chimen macinat
- piper negru după gust
- 1 cană de roșii cherry, tăiate la jumătate
- 4 catei de usturoi, tocati
- 1 lingura coriandru tocat

Adrese:
1. Se incinge o tigaie cu ulei la foc mediu, se adauga usturoiul si carnea, se amesteca si se rumenesc 5 minute.
2. Adăugați bulionul și ingredientele rămase, aduceți la fiert și gătiți la foc mediu timp de 40 de minute.
3. Împărțiți totul în farfurii și serviți.

Nutriție: Calorii 559, grăsimi 29,3, fibre 0,7, carbohidrați 3,2, proteine 67,4

Un amestec de carne de porc și legume.

Timp de preparare: 10 minute.
Timp de preparare: 20 de minute.
Porții: 4

Ingrediente:
- 2 linguri de otet balsamic
- 1/3 cană aminoacizi de nucă de cocos
- 1 lingura ulei de masline
- 4 oz de verdeață de salată mixtă
- 1 cană de roșii cherry, tăiate la jumătate
- 4 uncii carne de porc fiertă, tăiată în fâșii
- 1 lingura arpagic tocat

Adrese:
1. Se incinge o tigaie cu ulei la foc mediu, se adauga carnea de porc, aminoacizii si otetul, se amesteca si se fierbe 15 minute.
2. Adăugați frunze de salată și alte ingrediente, amestecați, gătiți încă 5 minute, împărțiți în farfurii și serviți.

Nutriție: calorii 125, grăsimi 6,4, fibre 0,6, carbohidrați 6,8, proteine 9,1

Tigaie De Porc Cu Cimbru

Timp de preparare: 10 minute.
Timp de gătire: 25 minute.
Porții: 4

Ingrediente:
- 1 kilogram de muschi de porc, tăiat și tăiat cubulețe
- 1 lingura ulei de masline
- 1 ceapa galbena tocata
- 3 catei de usturoi, tocati
- 1 lingura de cimbru uscat
- 1 cană bulion de pui cu conținut scăzut de sodiu
- 2 linguri pastă de tomate cu conținut scăzut de sodiu
- 1 lingura coriandru tocat

Adrese:
1. Se incinge o tigaie cu ulei la foc mediu mare, se adauga ceapa si usturoiul, se amesteca si se fierbe 5 minute.
2. Adăugați carnea, amestecați și gătiți încă 5 minute.
3. Adăugați restul ingredientelor, amestecați, aduceți la fierbere, reduceți focul la mediu și gătiți amestecul încă 15 minute.
4. Împărțiți amestecul în farfurii și serviți imediat.

Nutriție: Calorii 281, grăsimi 11,2, fibre 1,4, carbohidrați 6,8, proteine 37,1

Maghiran de porc si dovlecel

Timp de preparare: 10 minute.
Timp de preparare: 30 minute.
Porții: 4

Ingrediente:
- 2 kg carne de porc dezosată, tăiată și tăiată cubulețe
- 2 linguri ulei de avocado
- ¾ cană bulion de legume cu conținut scăzut de sodiu
- ½ lingură pudră de usturoi
- 1 lingura maghiran tocat
- 2 dovlecei, tăiați cubulețe
- 1 lingurita boia dulce
- piper negru după gust

Adrese:
1. Se incinge o tigaie cu ulei la foc mediu mare, se adauga carnea, praful de usturoi si maghiranul, se amesteca si se fierbe 10 minute.
2. Adăugați dovlecelul și restul ingredientelor, amestecați, aduceți la fierbere, reduceți focul la mediu și gătiți amestecul încă 20 de minute.
3. Împărțiți totul în farfurii și serviți.

Nutriție: Calorii 359, grăsimi 9,1, fibre 2,1, carbohidrați 5,7, proteine 61,4

carne de porc condimentată

Timp de preparare: 10 minute.
Timp de preparare: 8 ore.
Porții: 4

Ingrediente:
- 3 linguri ulei de masline
- 2 kg de muschie de porc friptă
- 2 lingurite de boia dulce
- 1 lingurita praf de usturoi
- 1 lingurita praf de ceapa
- 1 lingurita nucsoara macinata
- 1 lingurita ienibahar, macinata
- piper negru după gust
- 1 cană bulion de legume cu conținut scăzut de sodiu

Adrese:
1. Aruncați friptura cu ulei și alte ingrediente în aragazul lent, amestecați, acoperiți și gătiți la foc mic timp de 8 ore.
2. Friptura se feliază, se împarte în farfurii și se servește cu sucurile turnate deasupra.

Nutriție: Calorii 689, grăsimi 57,1, fibre 1, carbohidrați 3,2, proteine 38,8

Carne de porc cu nucă de cocos și țelină

Timp de preparare: 10 minute.
Timp de gătire: 35 minute.
Porții: 4

Ingrediente:
- 2 kg carne de porc fiertă, tăiată cubulețe
- 2 linguri de ulei de măsline
- 1 cană bulion de legume cu conținut scăzut de sodiu
- 1 tulpină de țelină tocată
- 1 lingurita boabe de piper negru
- 2 salote tocate
- 1 lingura arpagic tocat
- 1 cana crema de cocos
- piper negru după gust

Adrese:
1. Se incinge o tigaie cu ulei la foc mediu, se adauga ceapa si carnea, se amesteca si se prajesc 5 minute.
2. Adăugați țelina și alte ingrediente, amestecați, aduceți la fierbere și fierbeți la foc mediu încă 30 de minute.
3. Împărțiți totul în farfurii și serviți imediat.

Nutriție: Calorii 690, grăsimi 43,3, fibre 1,8, carbohidrați 5,7, proteine 6,2

amestec de carne de porc si rosii

Timp de preparare: 10 minute.
Timp de preparare: 30 minute.
Porții: 4

Ingrediente:
- 2 catei de usturoi, tocati
- 2 kg carne de porc fiertă, măcinată
- 2 căni de roșii cherry, tăiate la jumătate
- 1 lingura ulei de masline
- piper negru după gust
- 1 ceapa rosie feliata
- ½ cană bulion de legume cu conținut scăzut de sodiu
- 2 linguri pastă de tomate cu conținut scăzut de sodiu
- 1 lingura patrunjel tocat

Adrese:
1. Se incinge o tigaie cu ulei la foc mediu, se adauga ceapa si usturoiul, se amesteca si se calesc 5 minute.
2. Adăugați carnea și prăjiți-o încă 5 minute.
3. Adăugați restul ingredientelor, amestecați, aduceți la fierbere, gătiți la foc mediu încă 20 de minute, împărțiți în boluri și serviți.

Nutriție: Calorii 558, grăsimi 25,6, fibre 2,4, carbohidrați 10,1, proteine 68,7

cotlete de porc cu salvie

Timp de preparare: 10 minute.
Timp de gătire: 35 minute.
Porții: 4

Ingrediente:
- 4 cotlete de porc
- 2 linguri de ulei de măsline
- 1 lingurita boia afumata
- 1 lingura de salvie macinata
- 2 catei de usturoi, tocati
- 1 lingura suc de lamaie
- piper negru după gust

Adrese:
1. Combinați cotletele de porc cu ulei și ingredientele rămase într-o tavă de copt, amestecați, puneți la cuptor și coaceți la 400 ° F timp de 35 de minute.
2. Împărțiți cotletele de porc în farfurii și serviți cu salată.

Nutriție: Calorii 263, grăsimi 12,4, fibre 6, carbohidrați 22,2, proteine 16

Carne de porc thailandeză și vinete

Timp de preparare: 10 minute.
Timp de preparare: 30 minute.
Porții: 4

Ingrediente:
- 1 kg carne de porc fiertă, tăiată cubulețe
- 1 vinete taiata cubulete
- 1 lingură aminoacizi de cocos
- 1 lingurita cinci condimente
- 2 catei de usturoi, tocati
- 2 ardei iute thailandezi, tocat
- 2 linguri de ulei de măsline
- 2 linguri pastă de tomate cu conținut scăzut de sodiu
- 1 lingura coriandru tocat
- ½ cană bulion de legume cu conținut scăzut de sodiu

Adrese:
1. Se încălzește uleiul într-o tigaie la foc mediu-mare, se adaugă usturoiul, ardeiul iute și carnea și se prăjesc timp de 6 minute.
2. Adăugați vinetele și restul ingredientelor, aduceți la fiert și fierbeți la foc mediu timp de 24 de minute.
3. Împărțiți amestecul în farfurii și serviți.

Nutriție: Calorii 320, grăsimi 13,4, fibre 5,2, carbohidrați 22,8, proteine 14

Porc Lime Ceapa

Timp de preparare: 10 minute.
Timp de preparare: 30 minute.
Porții: 4

Ingrediente:
- 2 linguri suc de lamaie
- 4 arpagic tocat
- 1 kg carne de porc fiertă, tăiată cubulețe
- 2 catei de usturoi, tocati
- 2 linguri de ulei de măsline
- piper negru după gust
- ½ cană bulion de legume cu conținut scăzut de sodiu
- 1 lingura coriandru tocat

Adrese:
1. Se incinge o tigaie cu ulei la foc mediu, se adauga ceapa si usturoiul, se amesteca si se fierbe 5 minute.
2. Adăugați carnea, amestecați și gătiți încă 5 minute.
3. Adăugați restul ingredientelor, aduceți la fiert și fierbeți la foc mediu timp de 20 de minute.
4. Împărțiți amestecul în farfurii și serviți.

Nutriție: Calorii 273, grăsimi 22,4, fibre 5, carbohidrați 12,5, proteine 18

carne de porc balsamică

Timp de preparare: 10 minute.
Timp de preparare: 30 minute.
Porții: 4

Ingrediente:
- 1 ceapa rosie feliata
- 1 kg carne de porc fiertă, tăiată cubulețe
- 2 ardei iute roșii, feliați
- 2 linguri de otet balsamic
- ½ cană frunze de coriandru tocate
- piper negru după gust
- 2 linguri de ulei de măsline
- 1 lingură sos de roșii cu conținut scăzut de sodiu

Adrese:
1. Încinge o tigaie cu ulei la foc mediu, adaugă ceapa și ardei iute, amestecă și gătește timp de 5 minute.
2. Adăugați carnea, amestecați și gătiți încă 5 minute.
3. Adăugați restul ingredientelor, amestecați, aduceți la fiert și fierbeți la foc mediu încă 20 de minute.
4. Împărțiți totul în farfurii și serviți imediat.

Nutriție: Calorii 331, grăsimi 13,3, fibre 5, carbohidrați 22,7, proteine 17

carne de porc pesto

Timp de preparare: 10 minute.
Timp de gătire: 36 minute.
Porții: 4

Ingrediente:
- 2 linguri de ulei de măsline
- 2 arpagic tocat
- 500 g cotlete de porc
- 2 linguri pesto de busuioc
- 1 cană de roșii cherry, tăiate cubulețe
- 2 linguri pastă de tomate cu conținut scăzut de sodiu
- ½ cana patrunjel tocat
- ½ cană bulion de legume cu conținut scăzut de sodiu
- piper negru după gust

Adrese:
1. Se încălzește o tigaie cu ulei de măsline la foc mediu-mare, se adaugă ceapa și cotletele de porc și se prăjesc 3 minute pe fiecare parte.
2. Adăugați pesto și restul ingredientelor, amestecați ușor, aduceți la fiert și fierbeți la foc mediu încă 30 de minute.
3. Împărțiți totul în farfurii și serviți.

Nutriție: Calorii 293, grăsimi 11,3, fibre 4,2, carbohidrați 22,2, proteine 14

ardei de porc si patrunjel

Timp de preparare: 10 minute.
Timp de gătire: 1 oră.
Porții: 4

Ingrediente:
- 1 ardei verde tocat
- 1 ardei gras rosu tocat
- 1 ardei gras galben tocat
- 1 ceapa rosie feliata
- 500 g cotlete de porc
- 1 lingura ulei de masline
- piper negru după gust
- 26 uncii de roșii conservate, fără sare adăugată, tocate
- 2 linguri patrunjel tocat

Adrese:
1. Unge tava cu ulei, aranjezi cotletele de porc in interior si adauga restul ingredientelor deasupra.
2. Coaceți la 390 de grade F timp de 1 oră, împărțiți în farfurii și serviți.

Nutriție: Calorii 284, grăsimi 11,6, fibre 2,6, carbohidrați 22,2, proteine 14

amestec de chimen și miel

Timp de preparare: 10 minute.
Timp de gătire: 25 minute.
Porții: 4

Ingrediente:
- 1 lingura ulei de masline
- 1 ceapa rosie feliata
- 1 cană de roșii cherry, tăiate la jumătate
- 1 kg tocană de miel, măcinată
- 1 lingură pudră de chili
- piper negru după gust
- 2 lingurite chimen macinat
- 1 cană bulion de legume cu conținut scăzut de sodiu
- 2 linguri coriandru tocat

Adrese:
1. Se incinge o tigaie cu ulei la foc mediu mare, se adauga ceapa, mielul si praful de chili, se amesteca si se fierbe 10 minute.
2. Adăugați restul ingredientelor, amestecați, fierbeți la foc mediu încă 15 minute.
3. Împărțiți în boluri și serviți.

Nutriție: Calorii 320, grăsimi 12,7, fibre 6, carbohidrați 14,3, proteine 22

Carne de porc cu ridichi si fasole verde

Timp de preparare: 10 minute.
Timp de gătire: 35 minute.
Porții: 4

Ingrediente:
- 1 kg carne de porc fiertă, tăiată cubulețe
- 1 cană ridichi, tăiate cubulețe
- ½ kilogram de fasole verde, tăiată și tăiată la jumătate
- 1 ceapa galbena tocata
- 1 lingura ulei de masline
- 2 catei de usturoi, tocati
- 1 cana rosii conservate, nesarate si tocate
- 2 lingurite de oregano uscat
- piper negru după gust

Adrese:
1. Se incinge o tigaie cu ulei la foc mediu mare, se adauga ceapa si usturoiul, se amesteca si se fierbe 5 minute.
2. Adăugați carnea, amestecați și gătiți încă 5 minute.
3. Adăugați restul ingredientelor, aduceți la fierbere și fierbeți la foc mediu timp de 25 de minute.
4. Împărțiți totul în boluri și serviți.

Nutriție: Calorii 289, grăsimi 12, fibre 8, carbohidrați 13,2, proteine 20

Miel cu fenicul și ciuperci

Timp de preparare: 10 minute.
Timp de preparare: 40 de minute.
Porții: 4

Ingrediente:
- 1 kg umăr de miel, dezosat și tăiat cubulețe
- 8 ciuperci albe, tăiate în jumătate
- 2 linguri de ulei de măsline
- 1 ceapa galbena tocata
- 2 catei de usturoi, tocati
- 1 și jumătate de linguriță de pudră de fenicul
- piper negru după gust
- O grămadă de arpagic tocat
- 1 cană bulion de legume cu conținut scăzut de sodiu

Adrese:
1. Se incinge o tigaie cu ulei la foc mediu, se adauga ceapa si usturoiul, se amesteca si se fierbe 5 minute.
2. Adăugați carnea și ciupercile, amestecați și gătiți încă 5 minute.
3. Adăugați restul ingredientelor, amestecați, aduceți la fierbere și fierbeți la foc mediu timp de 30 de minute.
4. Împărțiți amestecul în boluri și serviți.

Nutriție: Calorii 290, grăsimi 15,3, fibre 7, carbohidrați 14,9, proteine 14

Caserolă de porc și spanac

Timp de preparare: 10 minute.
Timp de preparare: 30 minute.
Porții: 4

Ingrediente:
- 1 kilogram carne de porc, măcinată
- 2 linguri de ulei de măsline
- 1 ceapa rosie feliata
- ½ kilogram de spanac pentru copii
- 4 catei de usturoi, tocati
- ½ cană bulion de legume cu conținut scăzut de sodiu
- ½ ceasca rosii conservate, nesarate, tocate
- piper negru după gust
- 1 lingura arpagic tocat

Adrese:
1. Se incinge o tigaie cu ulei la foc mediu mare, se adauga ceapa si usturoiul, se amesteca si se fierbe 5 minute.
2. Adăugați carnea, amestecați și prăjiți încă 5 minute.
3. Adăugați restul ingredientelor, cu excepția spanacului, amestecați, aduceți la fierbere, reduceți căldura la mediu și gătiți timp de 15 minute.
4. Adăugați spanacul, amestecați, gătiți amestecul încă 5 minute, împărțiți totul în boluri și serviți.

Nutriție: Calorii 270, grăsimi 12, fibre 6, carbohidrați 22,2, proteine 23

porc cu avocado

Timp de preparare: 10 minute.
Timp de preparare: 15 minute.
Porții: 4

Ingrediente:
- 2 căni de baby spanac
- 1 kg muschi de porc, tăiat în fâșii
- 1 lingura ulei de masline
- 1 cană de roșii cherry, tăiate la jumătate
- 2 avocado, decojite, fără sâmburi și tăiate felii
- 1 lingura otet balsamic
- ½ cană bulion de legume cu conținut scăzut de sodiu

Adrese:
1. Se încălzește o tigaie cu ulei la foc mediu mare, se adaugă carnea, se amestecă și se fierbe timp de 10 minute.
2. Adăugați spanacul și restul ingredientelor, amestecați, gătiți încă 5 minute, împărțiți în boluri și serviți.

Nutriție: Calorii 390, grăsimi 12,5, fibre 4, carbohidrați 16,8, proteine 13,5

amestec de mere și carne de porc

Timp de preparare: 10 minute.
Timp de preparare: 40 de minute.
Porții: 4

Ingrediente:
- 2 kg carne de porc fiertă, tăiată fâșii
- 2 mere verzi, fără miez și tăiate felii
- 2 catei de usturoi, tocati
- 2 salote tocate
- 1 lingura boia dulce
- ½ linguriță de pudră de chili
- 2 linguri ulei de avocado
- 1 cană bulion de pui cu conținut scăzut de sodiu
- piper negru după gust
- Un praf de fulgi de chili roșu

Adrese:
1. Se încălzește o tigaie cu ulei la foc mediu, se adaugă șalota și usturoiul, se amestecă și se prăjesc 5 minute.
2. Adăugați carnea și prăjiți încă 5 minute.
3. Adăugați merele și alte ingrediente, amestecați, aduceți la fierbere și fierbeți la foc mediu încă 30 de minute.
4. Împărțiți totul în farfurii și serviți.

Nutriție: Calorii 365, grăsimi 7, fibre 6, carbohidrați 15,6, proteine 32,4

Cotlete de porc cu scorțișoară

Timp de preparare: 10 minute.
Timp de gătit: 1 oră și 10 minute
Porții: 4

Ingrediente:
- 4 cotlete de porc
- 2 linguri de ulei de măsline
- 2 catei de usturoi, tocati
- ¼ cană bulion de legume cu conținut scăzut de sodiu
- 1 lingura scortisoara macinata
- piper negru după gust
- 1 lingurita pudra de chili
- ½ lingurita praf de ceapa

Adrese:
1. Combinați cotletele de porc cu ulei și ingredientele rămase într-o tavă, amestecați, puneți la cuptor și prăjiți la 390 ° F timp de 1 oră și 10 minute.
2. Împărțiți cotletele de porc în farfurii și serviți cu salată.

Nutriție: Calorii 288, grăsimi 5,5, fibre 6, carbohidrați 12,7, proteine 23

Cotlete de porc de cocos

Timp de preparare: 10 minute.
Timp de preparare: 20 de minute.
Porții: 4

Ingrediente:
- 2 linguri de ulei de măsline
- 4 cotlete de porc
- 1 ceapa galbena tocata
- 1 lingură pudră de chili
- 1 cană lapte de cocos
- ¼ cană coriandru tocat

Adrese:
1. Se incinge o tigaie cu ulei la foc mediu mare, se adauga ceapa si praful de chili, se amesteca si se prajesc 5 minute.
2. Adăugați cotletele de porc și gătiți timp de 2 minute pe fiecare parte.
3. Adăugați laptele de cocos, amestecați, aduceți la fierbere și gătiți la foc mediu încă 11 minute.
4. Adăugați coriandru, amestecați, împărțiți în boluri și serviți.

Nutriție: Calorii 310, grăsimi 8, fibre 6, carbohidrați 16,7, proteine 22,1

Carne de porc cu amestec de piersici

Timp de preparare: 10 minute.
Timp de gătire: 25 minute.
Porții: 4

Ingrediente:
- 2 kg muschi de porc, tăiat cubulețe
- 2 piersici, fără sâmburi și tăiate în sferturi
- ¼ lingurita praf de ceapa
- 2 linguri de ulei de măsline
- ¼ lingurita boia afumata
- ¼ cană bulion de legume cu conținut scăzut de sodiu
- piper negru după gust

Adrese:
1. Se incinge o tigaie cu ulei la foc mediu, se adauga carnea, se amesteca si se fierbe 10 minute.
2. Adăugați piersici și alte ingrediente, amestecați, aduceți la fierbere și fierbeți la foc mediu încă 15 minute.
3. Împărțiți întregul amestec în farfurii și serviți.

Nutriție: Calorii 290, grăsimi 11,8, fibre 5,4, carbohidrați 13,7, proteine 24

Miel cu cacao si ridichi

Timp de preparare: 10 minute.
Timp de gătire: 35 minute.
Porții: 4

Ingrediente:
- ½ cană bulion de legume cu conținut scăzut de sodiu
- 1 kg tocană de miel, tăiată cubulețe
- 1 cană ridichi, tăiate cubulețe
- 1 lingura pudra de cacao
- piper negru după gust
- 1 ceapa galbena tocata
- 1 lingura ulei de masline
- 2 catei de usturoi, tocati
- 1 lingura patrunjel tocat

Adrese:
1. Se incinge o tigaie cu ulei la foc mediu mare, se adauga ceapa si usturoiul, se amesteca si se calesc 5 minute.
2. Adăugați carnea, amestecați și gătiți timp de 2 minute pe fiecare parte.
3. Se adauga bulionul si restul ingredientelor, se amesteca, se aduce la fierbere si se fierbe la foc mediu inca 25 de minute.
4. Împărțiți totul în farfurii și serviți.

Nutriție: Calorii 340, grăsimi 12,4, fibre 9,3, carbohidrați 33,14, proteine 20

Carne de porc cu lamaie si anghinare

Timp de preparare: 10 minute.
Timp de gătire: 25 minute.
Porții: 4

Ingrediente:
- 2 kg carne de porc fiertă, tăiată fâşii
- 2 linguri ulei de avocado
- 1 lingura suc de lamaie
- 1 lingură coajă de lămâie rasă
- 1 cana de anghinare din conserva, scursa si taiata in patru
- 1 ceapa rosie feliata
- 2 catei de usturoi, tocati
- ½ linguriță de pudră de chili
- piper negru după gust
- 1 lingurita boia dulce
- 1 jalapeno tocat
- ¼ cană bulion de legume cu conținut scăzut de sodiu
- ¼ cană rozmarin tocat

Adrese:
1. Se incinge o tigaie cu ulei la foc mediu mare, se adauga ceapa si usturoiul, se amesteca si se calesc 4 minute.
2. Adăugați carnea, anghinarea, pudra de chili, jalapeno și boia de ardei, amestecați și gătiți încă 6 minute.
3. Adăugați restul ingredientelor, amestecați, aduceți la fiert și fierbeți la foc mediu încă 15 minute.
4. Împărțiți întregul amestec în boluri şi serviți.

Nutriție: Calorii 350, grăsimi 12, fibre 4,3, carbohidrați 35,7, proteine 14,5

Carne de porc cu sos de coriandru

Timp de preparare: 10 minute.
Timp de preparare: 20 de minute.
Porții: 4

Ingrediente:
- 2 kg carne de porc fiertă, tăiată cubulețe
- 1 cană frunze de coriandru
- 4 linguri de ulei de măsline
- 1 lingura de nuci de pin
- 1 lingura parmezan ras fara grasimi
- 1 lingura suc de lamaie
- 1 lingurita pudra de chili
- piper negru după gust

Adrese:
1. Combina coriandrul cu nucile de pin, 3 linguri de ulei, parmezan si zeama de lamaie intr-un blender si amesteca bine.
2. Se încălzește tigaia cu uleiul rămas la foc mediu, se adaugă carnea, praful de chili și piperul negru, se amestecă și se rumenesc timp de 5 minute.
3. Adaugati dressingul cu coriandru si gatiti la foc mediu inca 15 minute, amestecand din cand in cand.
4. Împărțiți carnea de porc în farfurii și serviți imediat.

Nutriție: Calorii 270, grăsimi 6,6, fibre 7, carbohidrați 12,6, proteine 22,4

Carne de porc cu amestec de mango

Timp de preparare: 10 minute.
Timp de gătire: 25 minute.
Porții: 4

Ingrediente:
- 2 salote tocate
- 2 linguri ulei de avocado
- 1 kg carne de porc fiertă, tăiată cubulețe
- 1 mango, decojit și tăiat cubulețe
- 2 catei de usturoi, tocati
- 1 cana rosii tocate
- piper negru după gust
- ½ cană busuioc tocat

Adrese:
1. Se încălzește o tigaie cu ulei la foc mediu, se adaugă eșalota și usturoiul, se amestecă și se fierbe timp de 5 minute.
2. Adăugați carnea, amestecați și gătiți încă 5 minute.
3. Adăugați restul ingredientelor, amestecați, aduceți la fiert și fierbeți la foc mediu încă 15 minute.
4. Împărțiți amestecul în boluri și serviți.

Nutriție: Calorii 361, grăsimi 11, fibre 5,1, carbohidrați 16,8, proteine 22

Cartofi dulci de porc cu rozmarin si lamaie

Timp de preparare: 10 minute.
Timp de gătire: 35 minute.
Porții: 4

Ingrediente:
- 1 ceapă roșie, tăiată felii
- 2 cartofi dulci, curatati de coaja si taiati felii
- 4 cotlete de porc
- 1 lingura rozmarin tocat
- 1 lingura suc de lamaie
- 2 lingurite de ulei de masline
- piper negru după gust
- 2 lingurite de cimbru tocat
- ½ cană bulion de legume cu conținut scăzut de sodiu

Adrese:
1. Într-o tigaie, combinați cotletele de porc cu cartofii, ceapa și alte ingrediente și amestecați ușor.
2. Coaceți la 400 de grade F timp de 35 de minute, împărțiți în farfurii și serviți.

Nutriție: calorii 410, grăsimi 14,7, fibre 14,2, carbohidrați 15,3, proteine 33,4

carne de porc cu năut

Timp de preparare: 10 minute.
Timp de gătire: 25 minute.
Porții: 4

Ingrediente:
- 1 kg carne de porc fiertă, tăiată cubulețe
- 1 cană de năut la conserva, fără sare adăugată, scurs
- 1 ceapa galbena tocata
- 1 lingura ulei de masline
- piper negru după gust
- 10 uncii de roșii conservate, nesărate și tocate
- 2 linguri coriandru tocat

Adrese:
1. Se incinge o tigaie cu ulei la foc mediu mare, se adauga ceapa, se amesteca si se caleste 5 minute.
2. Adăugați carnea, amestecați și gătiți încă 5 minute.
3. Se adauga restul ingredientelor, se amesteca, se fierbe la foc mediu 15 minute, se imparte totul in boluri si se serveste.

Nutriție: Calorii 476, grăsimi 17,6, fibre 10,2, carbohidrați 35,7, proteine 43,8

cotlete de miel cu varză

Timp de preparare: 10 minute.
Timp de gătire: 35 minute.
Porții: 4

Ingrediente:
- 1 cană de varză, mărunțită
- 500 g cotlete de miel
- ½ cană bulion de legume cu conținut scăzut de sodiu
- 2 linguri pastă de tomate cu conținut scăzut de sodiu
- 1 ceapă galbenă, feliată
- 1 lingura ulei de masline
- Un praf de piper negru

Adrese:
1. Ungeți tava cu ulei, aranjați în interior cotletele de miel, adăugați varza și celelalte ingrediente și amestecați ușor.
2. Coaceți totul la 390 de grade F timp de 35 de minute, împărțiți-l în farfurii și serviți.

Nutriție: Calorii 275, grăsimi 11,8, fibre 1,4, carbohidrați 7,3, proteine 33,6

miel cu chili

Timp de preparare: 10 minute.
Timp de preparare: 45 minute.
Porții: 4

Ingrediente:
- 2 kg tocană de miel, tăiată cubulețe
- 1 lingura ulei de avocado
- 1 lingurita pudra de chili
- 1 lingurita de boia iute
- 2 cepe roșii, tocate
- 1 cană bulion de legume cu conținut scăzut de sodiu
- ½ cană sos de roșii cu conținut scăzut de sodiu
- 1 lingura coriandru tocat

Adrese:
1. Se incinge o oala cu ulei la foc mediu, se adauga ceapa si carnea si se rumenesc 10 minute.
2. Adăugați praful de chili și toate celelalte ingrediente, cu excepția coriandrului, amestecați, aduceți la fierbere și gătiți la foc mediu încă 35 de minute.
3. Împărțiți amestecul între boluri și serviți cu coriandru presărat deasupra.

Nutriție: calorii 463, grăsimi 17,3, fibre 2,3, carbohidrați 8,4, proteine 65,1

Carne de porc cu praz și boia

Timp de preparare: 10 minute.
Timp de preparare: 45 minute.
Porții: 4

Ingrediente:
- 2 kg carne de porc fiertă, tăiată cubulețe
- 2 praz, feliat
- 2 linguri de ulei de măsline
- 2 catei de usturoi, tocati
- 1 lingurita boia dulce
- 1 lingura patrunjel tocat
- 1 cană bulion de legume cu conținut scăzut de sodiu
- piper negru după gust

Adrese:
1. Se incinge o tigaie cu ulei la foc mediu, se adauga prazul, usturoiul si boia, se amesteca si se fierbe 10 minute.
2. Adăugați carnea și prăjiți-o încă 5 minute.
3. Adăugați restul ingredientelor, amestecați, gătiți la foc mediu timp de 30 de minute, împărțiți totul în boluri și serviți.

Nutriție: Calorii 577, grăsimi 29,1, fibre 1,3, carbohidrați 8,2, proteine 67,5

cotlete de porc și mazăre

Timp de preparare: 10 minute.
Timp de gătire: 25 minute.
Porții: 4

Ingrediente:
- 4 cotlete de porc
- 2 linguri de ulei de măsline
- 2 salote tocate
- 1 cană de mazăre
- 1 cană bulion de legume cu conținut scăzut de sodiu
- 2 linguri pasta de rosii nesarata
- 1 lingura patrunjel tocat

Adrese:
1. Se încălzește o tigaie cu ulei la foc mediu, se adaugă șalota, se amestecă și se prăjește timp de 5 minute.
2. Adăugați cotletele de porc și gătiți timp de 2 minute pe fiecare parte.
3. Adăugați restul ingredientelor, aduceți la fierbere și fierbeți la foc mediu timp de 15 minute.
4. Împărțiți amestecul în farfurii și serviți.

Nutriție: Calorii 357, grăsimi 27, fibre 1,9, carbohidrați 7,7, proteine 20,7

Porumb de porc și mentă

Timp de preparare: 10 minute.
Timp de gătire: 1 oră.
Porții: 4

Ingrediente:
- 4 cotlete de porc
- 1 cană bulion de legume cu conținut scăzut de sodiu
- 1 cană de porumb
- 1 lingura menta macinata
- 1 lingurita boia dulce
- piper negru după gust
- 1 lingura ulei de masline

Adrese:
1. Puneți cotletele de porc într-o tavă, adăugați restul ingredientelor, amestecați, dați la cuptor și coaceți la 380 de grade timp de 1 oră.
2. Împărțiți totul în farfurii și serviți.

Nutriție: Calorii 356, grăsimi 14, fibre 5,4, carbohidrați 11,0, proteină 1

miel cu mărar

Timp de preparare: 10 minute.
Timp de gătire: 25 minute.
Porții: 4

Ingrediente:
- suc de 2 lămâi
- 1 lingura coaja de lime
- 1 lingură mărar tocat
- 2 catei de usturoi, tocati
- 2 linguri de ulei de măsline
- 2 kilograme de miel, tăiate cubulețe
- 1 cană coriandru tocat
- piper negru după gust

Adrese:
1. Se incinge o tigaie cu ulei la foc mediu mare, se adauga usturoiul si carnea si se prajesc 4 minute pe fiecare parte.
2. Adăugați sucul de lămâie și restul ingredientelor și gătiți încă 15 minute, amestecând des.
3. Împărțiți totul în farfurii și serviți.

Nutriție: Calorii 370, grăsimi 11,7, fibre 4,2, carbohidrați 8,9, proteine 20

Cotlete de porc cu piper aromat și măsline

Timp de preparare: 10 minute.
Timp de gătire: 35 minute.
Porții: 4

Ingrediente:
- 4 cotlete de porc
- 2 linguri de ulei de măsline
- 1 cană măsline kalamata, fără sâmburi și tăiate la jumătate
- 1 lingurita ienibahar, macinata
- ¼ cană lapte de cocos
- 1 ceapa galbena tocata
- 1 lingura arpagic tocat

Adrese:
1. Se incinge o tigaie cu ulei la foc mediu, se adauga ceapa si carnea si se calesc 4 minute pe fiecare parte.
2. Adăugați restul ingredientelor, amestecați ușor, puneți la cuptor și coaceți la 390°F pentru încă 25 de minute.
3. Împărțiți totul în farfurii și serviți.

Nutriție: Calorii 290, grăsimi 10, fibre 4,4, carbohidrați 7,8, proteine 22

Cotlete italiene de miel

Timp de preparare: 10 minute.
Timp de preparare: 30 minute.
Porții: 4

Ingrediente:
- 4 cotlete de miel
- 1 lingura oregano macinat
- 1 lingura ulei de masline
- 1 ceapa galbena tocata
- 2 linguri de brânză parmezan cu conținut scăzut de grăsimi ras
- 1/3 cană bulion de legume cu conținut scăzut de sodiu
- piper negru după gust
- 1 lingurita condimente italiene

Adrese:
1. Se încălzește o tigaie cu ulei la foc mediu mare, se adaugă cotletele de miel și ceapa și se prăjesc 4 minute pe fiecare parte.
2. Adăugați restul ingredientelor cu excepția brânzei și amestecați.
3. Presărați brânză deasupra, puneți tava în cuptor și coaceți la 350 ° F timp de 20 de minute.
4. Împărțiți totul în farfurii și serviți.

Nutriție: Calorii 280, grăsimi 17, fibre 5,5, carbohidrați 11,2, proteine 14

Orez cu carne de porc si oregano

Timp de preparare: 10 minute.
Timp de gătire: 35 minute.
Porții: 4

Ingrediente:
- 1 lingura ulei de masline
- 1 kg carne de porc fiertă, tăiată cubulețe
- 1 lingura oregano macinat
- 1 cană de orez alb
- 2 căni de bulion de pui cu conținut scăzut de sodiu
- piper negru după gust
- 2 catei de usturoi, tocati
- suc de ½ lămâie
- 1 lingura coriandru tocat

Adrese:
1. Se incinge o oala cu ulei la foc mediu, se adauga carnea si usturoiul si se rumenesc 5 minute.
2. Adăugați orezul, bulionul și alte ingrediente, aduceți la fierbere și gătiți la foc mediu timp de 30 de minute.
3. Împărțiți totul în farfurii și serviți.

Nutriție: Calorii 330, grăsimi 13, fibre 5,2, carbohidrați 13,4, proteine 22,2

găluște de porc

Timp de preparare: 10 minute.
Timp de preparare: 30 minute.
Porții: 4

Ingrediente:
- 3 linguri faina de migdale
- 2 linguri ulei de avocado
- 2 oua batute
- piper negru după gust
- 2 kg carne de porc, măcinată
- 1 lingura coriandru tocat
- 10 oz sos de roșii conservat, fără sare adăugată

Adrese:
1. Într-un castron, combinați carnea de porc cu făina și restul ingredientelor, mai puțin sosul și uleiul, amestecați bine și formați chiftele de mărime medie cu acest amestec.
2. Se incinge o tigaie cu ulei la foc mediu, se adauga chiftelele si se prajesc 3 minute pe fiecare parte, se adauga sosul, se amesteca usor, se da in clocot si se fierbe la foc mediu inca 20 de minute.
3. Împărțiți totul în boluri și serviți.

Nutriție: Calorii 332, grăsimi 18, fibre 4, carbohidrați 14,3, proteine 25

Carne de porc și andive

Timp de preparare: 10 minute.
Timp de gătire: 35 minute.
Porții: 4

Ingrediente:
- 1 kg carne de porc fiertă, tăiată cubulețe
- 2 andive, feliate și rase
- 1 cană bulion de vită cu conținut scăzut de sodiu
- 1 lingurita pudra de chili
- Un praf de piper negru
- 1 ceapa rosie feliata
- 1 lingura ulei de masline

Adrese:
1. Se incinge o tigaie cu ulei la foc mediu, se adauga ceapa si andivele, se amesteca si se fierbe 5 minute.
2. Adăugați carnea, amestecați și gătiți încă 5 minute.
3. Adăugați restul ingredientelor, aduceți la fierbere și fierbeți la foc mediu încă 25 de minute.
4. Împărțiți totul în farfurii și serviți.

Nutriție: Calorii 330, grăsimi 12,6, fibre 4,2, carbohidrați 10, proteine 22

Ridichi de porc și arpagic

Timp de preparare: 10 minute.
Timp de gătire: 35 minute.
Porții: 4

Ingrediente:
- 1 cană ridichi, tăiate cubulețe
- 1 kg carne de porc fiertă, tăiată cubulețe
- 1 lingura ulei de masline
- 1 ceapa rosie feliata
- 1 cana rosii conservate, fara sare adaugata, tocate
- 1 lingura arpagic tocat
- 2 catei de usturoi, tocati
- piper negru după gust
- 1 lingurita otet balsamic

Adrese:
1. Se incinge o tigaie cu ulei la foc mediu, se adauga ceapa si usturoiul, se amesteca si se fierbe 5 minute.
2. Adăugați carnea și prăjiți încă 5 minute.
3. Adăugați ridichile și restul ingredientelor, aduceți la fiert și fierbeți la foc mediu încă 25 de minute.
4. Împărțiți totul în boluri și serviți.

Nutriție: calorii 274, grăsimi 14, fibre 3,5, carbohidrați 14,8, proteine 24,1

Chiftelușe sotate cu spanac și mentă

Timp de preparare: 10 minute.
Timp de gătire: 25 minute.
Porții: 4

Ingrediente:
- 1 kg carne de porc fiertă, tocată
- 1 ceapa galbena tocata
- 1 ou bătut
- 1 lingura menta macinata
- piper negru după gust
- 2 catei de usturoi, tocati
- 2 linguri de ulei de măsline
- 1 cană de roșii cherry, tăiate la jumătate
- 1 cană baby spanac
- ½ cană bulion de legume cu conținut scăzut de sodiu

Adrese:

1. Intr-un bol se amesteca carnea cu ceapa si restul ingredientelor, mai putin uleiul, rosiile cherry si spanacul, se amesteca bine si se formeaza chiftele de marime medie cu acest amestec.
2. Se încălzeşte o tigaie cu ulei de măsline la foc mediu-mare, se adaugă chiftelele şi se fierbe 5 minute pe fiecare parte.
3. Adăugaţi spanacul, roşiile şi bulionul, amestecaţi, fierbeţi totul timp de 15 minute.
4. Împărţiţi totul în boluri şi serviţi.

Nutriţie: Calorii 320, grăsimi 13,4, fibre 6, carbohidraţi 15,8, proteine 12

chiftele și sos de cocos

Timp de preparare: 10 minute.
Timp de preparare: 20 de minute.
Porții: 4

Ingrediente:
- 2 kg carne de porc, măcinată
- piper negru după gust
- ¾ cană făină de migdale
- 2 oua batute
- 1 lingura patrunjel tocat
- 2 cepe roșii tăiate
- 2 linguri de ulei de măsline
- ½ cană cremă de cocos
- piper negru după gust

Adrese:
1. Intr-un bol amestecam carnea de porc cu faina de migdale si restul ingredientelor, mai putin ceapa, uleiul si smantana, amestecam bine si formam chiftele de marime medie cu acest amestec.
2. Se incinge o tigaie cu ulei la foc mediu, se adauga ceapa, se amesteca si se caleste 5 minute.
3. Adăugați chiftelele și gătiți încă 5 minute.
4. Adăugați crema de cocos, aduceți la fierbere, gătiți încă 10 minute, împărțiți în boluri și serviți.

Nutriție: Calorii 435, grăsimi 23, fibre 14, carbohidrați 33,2, proteine 12,65

Linte și carne de porc cu turmeric

Timp de preparare: 10 minute.
Timp de gătire: 25 minute.
Porții: 4

Ingrediente:
- 1 kg carne de porc fiertă, tăiată cubulețe
- ½ cană sos de roșii, fără sare adăugată
- 1 ceapa galbena tocata
- 2 linguri de ulei de măsline
- 1 cană linte conservată, fără sare adăugată, scursă
- 1 lingurita praf de curry
- 1 lingurita de pudra de turmeric
- piper negru după gust

Adrese:
1. Se incinge o tigaie cu ulei la foc mediu mare, se adauga ceapa si carnea si se calesc 5 minute.
2. Adăugați sosul și alte ingrediente, amestecați, gătiți la foc mediu timp de 20 de minute, împărțiți în boluri și serviți.

Nutriție: Calorii 367, grăsimi 23, fibre 6,9, carbohidrați 22,1, proteine 22

miel la fiert

Timp de preparare: 10 minute.
Timp de gătire: 25 minute.
Porții: 4

Ingrediente:
- 1 kg de miel măcinat
- 1 lingura ulei de avocado
- 1 ardei gras rosu taiat fasii
- 1 ceapa rosie feliata
- 2 roșii, tăiate cubulețe
- 1 morcov cubulete
- 2 bulbi de fenicul, tocati
- piper negru după gust
- 2 linguri de otet balsamic
- 1 lingura coriandru tocat

Adrese:
1. Se incinge o tigaie cu ulei la foc mediu mare, se adauga ceapa si carnea si se calesc 5 minute.
2. Adăugați boia de ardei și alte ingrediente, amestecați, gătiți la foc mediu încă 20 de minute, împărțiți în boluri și serviți imediat.

Nutriție: Calorii 367, grăsimi 14,3, fibre 4,3, carbohidrați 15,8, proteine 16

carne de porc cu sfecla

Timp de preparare: 10 minute.
Timp de preparare: 30 minute.
Porții: 4

Ingrediente:
- 1 kilogram carne de porc, tăiată cubulețe
- 2 sfecle mici, curatate si taiate cubulete
- 2 linguri de ulei de măsline
- 1 ceapa galbena tocata
- 2 catei de usturoi, tocati
- Sare si piper negru dupa gust
- ½ cană de cremă de cocos.

Adrese:
1. Se incinge o tigaie cu ulei la foc mediu mare, se adauga ceapa si usturoiul, se amesteca si se fierbe 5 minute.
2. Adăugați carnea și prăjiți încă 5 minute.
3. Adăugați restul ingredientelor, aduceți la fiert și fierbeți la foc mediu timp de 20 de minute.
4. Împărțiți amestecul în farfurii și serviți.

Nutriție: Calorii 311, grăsimi 14,3, fibre 4,5, carbohidrați 15,2, proteine 17

miel și varză

Timp de preparare: 10 minute.
Timp de gătire: 35 minute.
Porții: 4

Ingrediente:
- 2 linguri ulei de avocado
- 1 kg tocană de miel, tăiată cubulețe
- 1 varză verde, tocată
- 1 cana rosii conservate, fara sare adaugata, tocate
- 1 ceapa galbena tocata
- 1 lingurita de cimbru uscat
- piper negru după gust
- 2 catei de usturoi, tocati

1. **Adrese:**
2. Se incinge o tigaie cu ulei la foc mediu mare, se adauga ceapa si usturoiul si se călesc 5 minute.
3. Adăugați carnea și prăjiți încă 5 minute.
4. Adăugați restul ingredientelor, amestecați, aduceți la fiert și fierbeți la foc mediu încă 25 de minute.
5. Împărțiți totul în farfurii și serviți.

Nutriție: Calorii 325, grăsimi 11, fibre 6,1, carbohidrați 11,7, proteine 16

Miel cu porumb și bame

Timp de preparare: 10 minute.
Timp de preparare: 30 minute.
Porții: 4

Ingrediente:
- 1 kg tocană de miel, tăiată cubulețe
- 1 ceapa galbena tocata
- 2 catei de usturoi, tocati
- 2 linguri ulei de avocado
- 1 cană de bame, tocată
- 1 cană de porumb
- 1 cană bulion de legume cu conținut scăzut de sodiu
- 1 lingura patrunjel tocat

Adrese:
1. Se incinge o tigaie cu ulei la foc mediu, se adauga ceapa si usturoiul, se amesteca si se calesc 5 minute.
2. Adăugați carnea, amestecați și gătiți încă 5 minute.
3. Adăugați restul ingredientelor, amestecați, aduceți la fierbere și fierbeți la foc mediu timp de 20 de minute.
4. Împărțiți totul în boluri și serviți.

Nutriție: Calorii 314, grăsimi 12, fibre 4,4, carbohidrați 13,3, proteine 17

Carne de porc cu muștar și tarhon

Timp de preparare: 10 minute.
Timp de preparare: 8 ore.
Porții: 4

Ingrediente:
- 2 kg carne de porc friptă, feliată
- 2 linguri de ulei de măsline
- piper negru după gust
- 1 lingura tarhon macinat
- 2 salote tocate
- 1 cană bulion de legume cu conținut scăzut de sodiu
- 1 lingura de cimbru tocat
- 1 lingura mustar

Adrese:
1. Într-un aragaz lent, amestecați friptura cu piper negru și restul ingredientelor, acoperiți și gătiți la foc mic timp de 8 ore.
2. Împărțiți friptura de porc în farfurii, stropiți peste tot cu sos de muștar și serviți.

Nutriție: Calorii 305, grăsimi 14,5, fibre 5,4, carbohidrați 15,7, proteine 18

Carne de porc cu varza si capere

Timp de preparare: 10 minute.
Timp de gătire: 35 minute.
Porții: 4

Ingrediente:
- 2 linguri de ulei de măsline
- 1 cană bulion de legume cu conținut scăzut de sodiu
- 2 linguri capere, scurse
- 500 g cotlete de porc
- 1 cană muguri de fasole
- 1 ceapa galbena, tocata
- piper negru după gust

Adrese:
1. Se incinge o tigaie cu ulei la foc mediu mare, se adauga ceapa si carnea si se calesc 5 minute.
2. Adăugați ingredientele rămase, puneți tava în cuptor și coaceți la 390 de grade F timp de 30 de minute.
3. Împărțiți totul în farfurii și serviți.

Nutriție: calorii 324, grăsimi 12,5, fibre 6,5, carbohidrați 22,2, proteine 15,6

Carne de porc cu varza de Bruxelles

Timp de preparare: 10 minute.
Timp de gătire: 35 minute.
Porții: 4

Ingrediente:
- 2 kg carne de porc fiertă, tăiată cubulețe
- ¼ cană sos de roșii cu conținut scăzut de sodiu
- piper negru după gust
- ½ liră varză de Bruxelles, tăiată la jumătate
- 1 lingura ulei de masline
- 2 arpagic tocat
- 1 lingura coriandru tocat

Adrese:
1. Se incinge o tigaie cu ulei la foc mediu mare, se adauga ceapa si varza si se calesc 5 minute.
2. Adăugați carnea și alte ingrediente, aduceți la fiert și gătiți la foc mediu încă 30 de minute.
3. Împărțiți totul în farfurii și serviți.

Nutriție: Calorii 541, grăsimi 25,6, fibre 2,6, carbohidrați 6,5, proteine 68,7

Amestec fierbinte de porc și fasole verde

Timp de preparare: 10 minute.
Timp de preparare: 20 de minute.
Porții: 4

Ingrediente:
- 1 ceapa galbena tocata
- 2 kg carne de porc, tăiată în fâșii
- ½ kilogram de fasole verde, tăiată și tăiată la jumătate
- 1 ardei gras rosu tocat
- piper negru după gust
- 1 lingura ulei de masline
- ¼ cană ardei gras roșu zdrobit
- 1 cană bulion de legume cu conținut scăzut de sodiu

Adrese:
1. Se incinge o tigaie cu ulei la foc mediu mare, se adauga ceapa si se caleste 5 minute.
2. Adăugați carnea și prăjiți încă 5 minute.
3. Se adauga restul ingredientelor, se amesteca, se fierbe 10 minute la foc mediu, se imparte in farfurii si se serveste.

Nutriție: Calorii 347, grăsimi 24,8, fibre 3,3, carbohidrați 18,1, proteine 15,2

miel cu quinoa

Timp de preparare: 10 minute.
Timp de preparare: 30 minute.
Porții: 4

Ingrediente:
   1 cană de quinoa
   2 căni de bulion de pui cu conținut scăzut de sodiu
   1 lingura ulei de masline
   1 cana crema de cocos
   2 kg tocană de miel, tăiată cubulețe
   2 salote tocate
   2 catei de usturoi, tocati
   piper negru după gust
   Un praf de fulgi de ardei rosu macinati

Adrese:
   1. Se încălzește o oală cu ulei la foc mediu mare, se adaugă eșalota și usturoiul, se amestecă și se fierbe timp de 5 minute.
   2. Adăugați carnea și prăjiți încă 5 minute.
   3. Adăugați restul ingredientelor, amestecați, aduceți la fierbere, reduceți focul la mediu și fierbeți timp de 20 de minute.
   4. Împărțiți printre boluri și serviți.

Nutriție: Calorii 755, grăsimi 37, fibre 4,4, carbohidrați 32, proteine 71,8

Chiflă de miel și bok choy

Timp de preparare: 10 minute.
Timp de preparare: 30 minute.
Porții: 4

Ingrediente:
- 1 cană bulion de pui cu conținut scăzut de sodiu
- 1 cană bok choy, ruptă
- 1 kg tocană de miel, tăiată cubulețe
- 2 linguri ulei de avocado
- 1 ceapa galbena tocata
- 1 morcov tocat
- piper negru după gust

Adrese:
1. Se incinge o tigaie cu ulei la foc mediu, se adauga ceapa si morcovul si se calesc 5 minute.
2. Adăugați carnea și prăjiți încă 5 minute.
3. Adăugați restul ingredientelor, aduceți la fiert și fierbeți la foc mediu timp de 20 de minute.
4. Împărțiți totul în farfurii și serviți.

Nutriție: Calorii 360, grăsimi 14,5, fibre 5, carbohidrați 22,4, proteine 16

Carne de porc cu bame și măsline

Timp de preparare: 10 minute.
Timp de gătire: 35 minute.
Porții: 4

Ingrediente:
- ½ cană bulion de legume cu conținut scăzut de sodiu
- 1 cană de bame, tocată
- 1 cană măsline negre, fără sâmburi și tăiate la jumătate
- 2 linguri de ulei de măsline
- 4 cotlete de porc
- 1 ceapă roșie, tăiată felii
- piper negru după gust
- ½ lingură fulgi de ardei roșu
- 3 linguri de aminoacizi de cocos

Adrese:
1. Ungem o tigaie cu ulei și punem în ea cotletele de porc.
2. Adăugați ingredientele rămase, amestecați ușor și coaceți la 390 ° F timp de 35 de minute.
3. Împărțiți totul în farfurii și serviți.

Nutriție: Calorii 310, grăsimi 14,6, fibre 6, carbohidrați 20,4, proteine 16

Carne de porc și capere Orz

Timp de preparare: 10 minute.
Timp de gătire: 35 minute.
Porții: 4

Ingrediente:
- 1 cană de orz
- 2 căni de bulion de pui cu conținut scăzut de sodiu
- 1 kg carne de porc fiertă, tăiată cubulețe
- 1 ceapa rosie feliata
- 1 lingura ulei de masline
- piper negru după gust
- 1 lingurita pudra de schinduf
- 1 lingura arpagic tocat
- 1 lingura capere, scurse

Adrese:
1. Se incinge o tigaie cu ulei la foc mediu mare, se adauga ceapa si carnea si se calesc 5 minute.
2. Adăugați orz și alte ingrediente, amestecați, gătiți la foc mediu timp de 30 de minute.
3. Împărțiți totul în boluri și serviți.

Nutriție: Calorii 447, grăsimi 15,6, fibre 8,6, carbohidrați 36,5, proteine 39,8

Mix de porc și ceapă verde

Timp de preparare: 10 minute.
Timp de preparare: 40 de minute.
Porții: 5

Ingrediente:
- 1 kilogram carne de porc, tăiată cubulețe
- 1 lingura ulei de avocado
- 1 ceapa galbena tocata
- 1 legatura de ceapa verde tocata
- 4 catei de usturoi, tocati
- 1 cană sos de roșii cu conținut scăzut de sodiu
- piper negru după gust

Adrese:
1. Se încălzește o tigaie cu ulei la foc mediu mare, se adaugă ceapa și ceapa primăvară, se amestecă și se fierbe timp de 5 minute.
2. Adăugați carnea, amestecați și gătiți încă 5 minute.
3. Se adauga restul ingredientelor, se amesteca si se fierbe la foc mediu inca 30 de minute.
4. Împărțiți totul în boluri și serviți.

Nutriție: Calorii 206, grăsimi 8,6, fibre 1,8, carbohidrați 7,2, proteine 23,4

Nucșoară de porc și fasole neagră

Timp de preparare: 5 minute.
Timp de preparare: 40 de minute.
Porții: 8

Ingrediente:
- 2 linguri de ulei de măsline
- 1 cana fasole neagra conservata, nesarata, scursa
- 1 ceapa galbena tocata
- 1 cana rosii conservate, fara sare adaugata, tocate
- 2 kg carne de porc fiertă, tăiată cubulețe
- 2 catei de usturoi, tocati
- piper negru după gust
- ½ lingurita de nucsoara macinata

Adrese:
1. Se incinge o tigaie cu ulei la foc mediu, se adauga ceapa si usturoiul si se calesc 5 minute.
2. Adăugați carnea, amestecați și gătiți încă 5 minute.
3. Adăugați restul ingredientelor, amestecați, aduceți la fierbere și fierbeți la foc mediu timp de 30 de minute.
4. Împărțiți amestecul în boluri și serviți.

Nutriție: Calorii 365, grăsimi 14,9, fibre 4,3, carbohidrați 17,6, proteine 38,8

salata de somon si piersici

Timp de preparare: 10 minute.
Timp de preparare: 0 minute.
Porții: 4

Ingrediente:
- 2 fileuri de somon afumat, dezosate, fara piele si taiate cubulete
- 2 piersici, fără sâmburi și tăiate cubulețe
- 1 lingurita ulei de masline
- Un praf de piper negru
- 2 căni de baby spanac
- ½ linguriță de oțet balsamic
- 1 lingura suc de lamaie
- 1 lingura coriandru tocat

Adrese:
1. Într-un bol de salată, amestecați somonul cu piersicile și alte ingrediente, amestecați și serviți rece.

Nutriție: Calorii 133, grăsimi 7,1, fibre 1,5, carbohidrați 8,2, proteine 1,7

Capere de somon și mărar

Timp de preparare: 10 minute.
Timp de preparare: 15 minute.
Porții: 4

Ingrediente:
- 2 linguri de ulei de măsline
- 4 fileuri de somon, dezosate
- 1 lingura capere, scurse
- 1 lingură mărar tocat
- 1 șalotă tocată
- ½ cană cremă de cocos
- Un praf de piper negru

Adrese:
1. Se încălzește o tigaie cu ulei la foc mediu mare, se adaugă eșalota și caperele, se amestecă și se prăjesc timp de 4 minute.
2. Adăugați somonul și gătiți timp de 3 minute pe fiecare parte.
3. Adaugam restul ingredientelor, fierbem totul inca 5 minute, impartim in farfurii si servim.

Nutriție: Calorii 369, grăsimi 25,2, fibre 0,9, carbohidrați 2,7, proteine 35,5

salata de somon si castraveti

Timp de preparare: 10 minute.
Timp de preparare: 0 minute.
Porții: 4

Ingrediente:
- 2 linguri de ulei de măsline
- ½ lingurita suc de lamaie
- ½ linguriță coajă de lămâie rasă
- Un praf de piper negru
- 1 cană măsline negre, fără sâmburi și tăiate la jumătate
- 1 cană de castraveți tăiați cubulețe
- ½ kilogram de somon afumat, dezosat și tăiat cubulețe
- 1 lingura arpagic tocat

Adrese:
1. Într-un bol de salată, amestecați somonul cu măslinele și celelalte ingrediente, amestecați și serviți.

Nutriție: Calorii 170, grăsimi 13,1, fibre 1,3, carbohidrați 3,2, proteine 10,9

ton și eșalotă

Timp de preparare: 10 minute.
Timp de preparare: 15 minute.
Porții: 4

Ingrediente:
- 4 fripturi de ton dezosate și fără piele
- 1 lingura ulei de masline
- 2 salote tocate
- 2 linguri suc de lamaie
- Un praf de piper negru
- 1 lingurita boia dulce
- ½ cană supă de pui cu conținut scăzut de sodiu

Adrese:
1. Se încălzește o tigaie cu ulei la foc mediu mare, se adaugă eșalota și se prăjește timp de 3 minute.
2. Adăugați peștele și gătiți timp de 4 minute pe fiecare parte.
3. Se adauga restul ingredientelor, se caleste totul inca 3 minute, se imparte in farfurii si se serveste.

Nutriție: calorii 404, grăsimi 34,6, fibre 0,3, carbohidrați 3, proteine 21,4

Codul este amestecat cu menta

Timp de preparare: 10 minute.
Timp de gătire: 17 minute.
Porții: 4

Ingrediente:
- 2 linguri de ulei de măsline
- 1 lingura suc de lamaie
- 1 lingura menta macinata
- 4 file de cod dezosat
- 1 lingurita coaja de lamaie rasa
- Un praf de piper negru
- ¼ cană eșalotă tocată
- ½ cană supă de pui cu conținut scăzut de sodiu

Adrese:
1. Se încălzește o tigaie cu ulei la foc mediu, se adaugă șalota, se amestecă și se prăjește timp de 5 minute.
2. Adăugați codul, sucul de lămâie și ingredientele rămase, aduceți la fierbere și gătiți la foc mediu timp de 12 minute.
3. Împărțiți totul în farfurii și serviți.

Nutriție: Calorii 160, grăsimi 8,1, fibre 0,2, carbohidrați 2, proteine 20,5

cod și roșii

Timp de preparare: 10 minute.
Timp de gătire: 16 minute.
Porții: 4

Ingrediente:
- 2 linguri de ulei de măsline
- 2 catei de usturoi, tocati
- ½ cană bulion de legume cu conținut scăzut de sodiu
- 4 file de cod dezosat
- 1 cană de roșii cherry, tăiate la jumătate
- 2 linguri suc de lamaie
- Un praf de piper negru
- 1 lingura arpagic tocat

Adrese:
1. Se încălzește o tigaie cu ulei la foc mediu mare, se adaugă usturoiul și peștele și se fierbe 3 minute pe fiecare parte.
2. Adăugați restul ingredientelor, aduceți la fiert și fierbeți la foc mediu încă 10 minute.
3. Împărțiți totul în farfurii și serviți.

Nutriție: Calorii 169, grăsimi 8,1, fibre 0,8, carbohidrați 4,7, proteine 20,7

Ton cu boia

Timp de preparare: 4 minute.
Timp de preparare: 10 minute.
Porții: 4

Ingrediente:
- 2 linguri de ulei de măsline
- 4 fripturi de ton dezosate
- 2 lingurite de boia dulce
- ½ linguriță de pudră de chili
- Un praf de piper negru

Adrese:
1. Se incinge o tigaie cu ulei la foc mediu mare, se adauga fripturile de ton, se presara boia de ardei, piper negru si praf de chili, se prajesc 5 minute pe fiecare parte, se impart in farfurii si se servesc cu garnitura.

Nutriție: Calorii 455, grăsimi 20,6, fibre 0,5, carbohidrați 0,8, proteine 63,8

cod portocaliu

Timp de preparare: 5 minute.
Timp de preparare: 12 minute.
Porții: 4

Ingrediente:
- 1 lingura patrunjel tocat
- 4 file de cod dezosat
- 1 cană suc de portocale
- 2 arpagic tocat
- 1 lingurita coaja de portocala
- 1 lingura ulei de masline
- 1 lingurita otet balsamic
- Un praf de piper negru

Adrese:
1. Se incinge o tigaie cu ulei la foc mediu, se adauga ceapa si se caleste 2 minute.
2. Adăugați peștele și restul ingredientelor, gătiți 5 minute pe fiecare parte, împărțiți în farfurii și serviți.

Nutriție: calorii 152, grăsimi 4,7, fibre 0,4, carbohidrați 7,2, proteine 20,6

busuioc somon

Timp de preparare: 5 minute.
Timp de gătire: 14 minute.
Porții: 4

Ingrediente:
- 2 linguri de ulei de măsline
- 4 fileuri de somon, fara coaja
- 2 catei de usturoi, tocati
- Un praf de piper negru
- 2 linguri de otet balsamic
- 2 linguri busuioc tocat

Adrese:
1. Se incinge o tigaie cu ulei de masline, se adauga pestele si se prajeste 4 minute pe fiecare parte.
2. Adăugați restul ingredientelor, fierbeți totul încă 6 minute.
3. Împărțiți totul în farfurii și serviți.

Nutriție: calorii 300, grăsimi 18, fibre 0,1, carbohidrați 0,6, proteine 34,7

Cod și sos alb

Timp de preparare: 10 minute.
Timp de preparare: 15 minute.
Porții: 4

Ingrediente:
- 2 linguri de ulei de măsline
- 4 file de cod, fara oase sau piele
- 1 șalotă tocată
- ½ cană cremă de cocos
- 3 linguri de iaurt cu conținut scăzut de grăsimi
- 2 linguri de marar tocat
- Un praf de piper negru
- 1 catel de usturoi tocat

Adrese:
1. Se incinge o tigaie cu ulei la foc mediu, se adauga salota si se caleste 5 minute.
2. Adăugați peștele și restul ingredientelor și gătiți încă 10 minute.
3. Împărțiți totul în farfurii și serviți.

Nutriție: Calorii 252, grăsimi 15,2, fibre 0,9, carbohidrați 7,7, proteine 22,3

Mix de halibut și ridichi

Timp de preparare: 10 minute.
Timp de preparare: 15 minute.
Porții: 4

Ingrediente:
- 2 salote tocate
- 4 fileuri de halibut, dezosate
- 1 cană ridichi, tăiate în jumătate
- 1 cană roșii tăiate cubulețe
- 1 lingura ulei de masline
- 1 lingura coriandru tocat
- 2 lingurite suc de lamaie
- Un praf de piper negru

Adrese:
1. Ungem o tigaie cu ulei si punem pestele in ea.
2. Adăugați ingredientele rămase, puneți la cuptor și coaceți la 400 de grade F timp de 15 minute.
3. Împărțiți totul în farfurii și serviți.

Nutriție: Calorii 231, grăsimi 7,8, fibre 6, carbohidrați 11,9, proteine 21,1

Amestecul de somon și migdale

Timp de preparare: 10 minute.
Timp de preparare: 15 minute.
Porții: 4

Ingrediente:
- 2 linguri de ulei de măsline
- ½ cană migdale mărunțite
- 4 fileuri de somon, dezosate
- 1 șalotă tocată
- ½ cană bulion de legume cu conținut scăzut de sodiu
- 2 linguri patrunjel tocat
- piper negru după gust

Adrese:
1. Se încălzește o tigaie cu ulei la foc mediu, se adaugă șalota și se prăjește 4 minute.
2. Adăugați somon și alte ingrediente, gătiți timp de 5 minute pe fiecare parte, împărțiți-l în farfurii și serviți.

Nutriție: Calorii 240, grăsimi 6,4, fibre 2,6, carbohidrați 11,4, proteine 15

cod și broccoli

Timp de preparare: 10 minute.
Timp de preparare: 20 de minute.
Porții: 4

Ingrediente:
- 2 linguri de aminoacizi de cocos
- 1 kg buchetele de broccoli
- 4 file de cod dezosat
- 1 ceapa rosie feliata
- 2 linguri de ulei de măsline
- ¼ cană supă de pui cu conținut scăzut de sodiu
- piper negru după gust

Adrese:
1. Se incinge o tigaie cu ulei la foc mediu, se adauga ceapa si broccoli si se calesc 5 minute.
2. Adăugați peștele și alte ingrediente, gătiți încă 20 de minute, împărțiți totul în farfurii și serviți.

Nutriție: Calorii 220, grăsimi 14,3, fibre 6,3, carbohidrați 16,2, proteine 9

Un amestec de ghimbir și biban de mare

Timp de preparare: 10 minute.
Timp de preparare: 15 minute.
Porții: 4

Ingrediente:
- 1 lingura otet balsamic
- 1 lingura de ghimbir ras
- 2 linguri de ulei de măsline
- piper negru după gust
- 4 fileuri de biban de mare dezosate
- 1 lingura coriandru tocat

Adrese:
1. Se incinge o tigaie cu ulei la foc mediu, se adauga pestele si se prajeste 5 minute pe fiecare parte.
2. Adăugați restul ingredientelor, fierbeți totul încă 5 minute, împărțiți totul în farfurii și serviți.

Nutriție: Calorii 267, grăsimi 11,2, fibre 5,2, carbohidrați 14,3, proteine 14,3

somon și fasole verde

Timp de preparare: 10 minute.
Timp de preparare: 20 de minute.
Porții: 4

Ingrediente:
- 2 linguri de ulei de măsline
- 1 cană bulion de pui cu conținut scăzut de sodiu
- 4 fileuri de somon, dezosate
- 2 catei de usturoi, tocati
- 1 lingura de ghimbir ras
- ½ kilogram de fasole verde, tăiată și tăiată la jumătate
- 2 lingurite otet balsamic
- ¼ cană de arpagic tocat

Adrese:
1. Se incinge o tigaie cu ulei la foc mediu, se adauga ceapa si usturoiul si se calesc 5 minute.
2. Adăugați somon și gătiți timp de 5 minute pe fiecare parte.
3. Adaugam restul ingredientelor, fierbem totul inca 5 minute, impartim in farfurii si servim.

Nutriție: Calorii 220, grăsimi 11,6, fibre 2, carbohidrați 17,2, proteine 9,3

www.ingramcontent.com/pod-product-compliance
Lightning Source LLC
LaVergne TN
LVHW021710060526
838200LV00050B/2583